Cynnwys

Lluniau

COF CENEDL XXIII

YSGRIFAU AR HANES CYMRU

Golygydd
GERAINT H. JENKINS

Gwasg Gomer

Argraffiad cyntaf – 2008

ISBN 978 1 84323 907 9

© Gwasg Gomer 2008

Dymuna'r cyhoeddwyr gydnabod cymorth
Adrannau Cyngor Llyfrau Cymru.

Argraffwyd gan
Wasg Gomer, Llandysul, Ceredigion

Diau mai prin oedd eich grasusau chwi
Na throsglwyddasoch odid ddim i mi.

T. H. Parry-Williams

'R un heddiw â'r hyn oeddynt; diangof
   Er bod angof ynddynt,
  Minnau gaf eu cwmni gynt,
  Cyfoedion cyn cof ydynt.

Gerallt Lloyd Owen

Hanes y breintiedig rai yw hanes y byd.

Henry Miller

Rhagair

Yn wahanol i'r arfer, lluniais y rhagair hwn ar Ddiwrnod Cofio Caethwasiaeth, sef 23 Awst 2007, diwrnod a glustnodwyd gan UNESCO er mwyn dathlu yn flynyddol ddaucanmlwyddiant gwrthryfel caethion duon yn nhrefedigaeth Ffrengig San Domingo ar ynys Hispaniola, gwrthryfel a arweiniodd at sefydlu gwladwriaeth newydd Haiti. Yr oedd rhai o Gymry'r dydd yn ymwybodol iawn o bwysigrwydd y gwrthdystiad hwn, yn enwedig Iolo Morganwg a Morgan John Rhys. 'Glorious news from St Domingo . . . llwyddiant iddynt', meddai Iolo, oherwydd gwyddai ddau'r ohonynt fod y cynnyrch a ddeuai o'r Caribî yn 'bwrcas gwaed, dagrau a bywydau miloedd a myrddiynau o'n cyd-ddynion'.

Ar lawer ystyr y mae 23 Awst yn ddyddiad pwysicach na 25 Mawrth 2007 pan gafwyd cryn sbloet yn y wasg a'r cyfryngau Prydeinig ynghylch y cyfraniad a wnaed gan bobl wynion, yn enwedig William Wilberforce, i'r ymgyrch i ddileu'r fasnach gaethion ym Mhrydain, ymgyrch a arweiniodd at ddeddf seneddol bwysig ym 1807. O berspectif y Sais a'r dyn gwyn yr ymdriniwyd â'r garreg filltir hon. Cyhoeddwyd sawl cofiant i Wilberforce (gan gynnwys un gan William Hague); gwelodd y Post Brenhinol yn dda i roi ei lun ar un o'i stampiau swyddogol; ef oedd arwr ffilm Michael Apted, *Amazing Grace*; ac adroddwyd hanes ei fywyd a'i waith mewn amrywiol ffyrdd mewn arddangosfeydd ym Mryste, Llundain, Lerpwl a Hull. At ei gilydd, ni chlywyd fawr ddim sôn am arwyr y duon gorthrymedig – Equiano, Cugoano, Cudjoe, Toussaint L'Ouverture ac eraill – ac oni bai am yr arddangosfa 'Traed mewn Cyffion: Cymru a Chaethwasiaeth' a ddangoswyd yn Amgueddfa Genedlaethol y Glannau, Abertawe, ac yn Llyfrgell Genedlaethol Cymru, byddai gwrhydri gwrthdystwyr Cymreig fel Morgan John Rhys ac Iolo Morganwg hefyd wedi mynd yn angof.

Wrth reswm, y mae'n gwbl briodol – yn wir, yn angenrheidiol – ein bod yn cofio am yr anghyfiawnder cywilyddus a oedd yn annatod glwm wrth y fasnach ddieflig mewn caethweision. Ond gan nad ydym yn gyfrifol am bechodau ein cyn-dadau, efallai y byddai'n fwy buddiol i ni geisio dileu caethwasiaeth yn ein hoes ni yn hytrach na gwasgu ein dwylo mewn anobaith wrth ddwyn i gof y driniaeth arteithiol a ddioddefwyd gan filoedd o Affricaniaid yn y gorffennol. Dyna'r ffordd orau o wneud iawn am y camweddau a fu. Dywedir bod 27 miliwn o gaethweision yn y byd heddiw. Yn ôl Ymddiriedolaeth Joseph Rowntree, gorfodir hyd at bum mil o blant i weithio fel caethion rhyw ym Mhrydain, ac y mae rhai o'r siopau dillad amlycaf ym Mhrydain yn talu cyn lleied â 13 ceiniog yr awr i weithwyr mewn ffatrïoedd yn India am gynhyrchu dillad rhad. Onid yw'r cyfrifoldeb arnom i gefnogi masnach deg ac i hyrwyddo hawliau dynol ym mhob dull a modd yn fwy nag erioed o'r blaen ac onid yw'n haws o lawer i ni wneud hynny nag yr oedd i Anghydffurfwyr erlidiedig fel Morgan John Rhys ac Iolo Morganwg?

Y mae'n bleser diolch i bob un o'r cyfranwyr i'r rhifyn hwn am eu cymwynas a'u cydweithrediad. Hyfrydwch o'r mwyaf hefyd yw diolch i Nia Davies, Menna Davies a Marian Beech Hughes am eu cefnogaeth anhepgor. Cefais gymorth parod gan staff Llyfrgell Genedlaethol Cymru wrth gasglu llawer o'r lluniau a gwirio rhai ffeithiau, a diolchaf yr un mor gynnes i staff Gwasg Gomer am sicrhau bod y rhifyn hwn yn cyrraedd cartrefi Cymru yn brydlon erbyn Dydd Gŵyl Dewi 2008.

23 Awst 2007   *Geraint H. Jenkins*

Y Cyfranwyr

Yr Athro Emeritws A. D. CARR, Ysgol Hanes, Hanes Cymru ac Archaeoleg, Prifysgol Bangor

Dr HUW MEIRION EDWARDS, Uwch-ddarlithydd, Adran y Gymraeg, Prifysgol Aberystwyth

Dr WILLIAM P. GRIFFITH, Uwch-ddarlithydd, Ysgol Hanes, Hanes Cymru ac Archaeoleg, Prifysgol Bangor

Ms ANWEN JONES, Darlithydd, Adran Astudiaethau Theatr, Ffilm a Theledu, Prifysgol Aberystwyth

Dr DAFYDD ROBERTS, Ceidwad Amgueddfa Lechi Cymru, Llanberis

Dr SIWAN ROSSER, Darlithydd, Ysgol y Gymraeg, Prifysgol Caerdydd

Dymuna'r golygydd a'r cyhoeddwyr ddiolch i'r canlynol am ganiatâd i atgynhyrchu'r lluniau hyn:

Aidan Semmens: Rhif 2.
Amgueddfa'r Celfyddydau Cain, Boston: Rhif 4.
Amgueddfa Werin Cymru: Rhif 13.
Casgliad Prifysgol Caer-grawnt: Rhif 9.
Charles a Patricia Aithie, ffotograff: Rhif 5.
Coleg Iesu, Rhydychen: Rhif 3.
Delweddu'r Beibl yng Nghymru: Prifysgol Cymru, Llanbedr Pont
    Steffan: wyneb-lun.
Eglwys Gadeiriol Autun: Rhif 6.
Llyfrgell Bodley, Rhydychen: Rhifau 8, 12.
Llyfrgell Brydeinig: Rhifau 7, 10.
Llyfrgell Genedlaethol Cymru: Rhifau 1, 11, 14, 15, 16, 17, 18, 19,
    20, 21, 22, 25, 26, 28, 29, 30, 31, 32, 33, 34, 35, 36.
Theatr Genedlaethol Cymru: Rhifau 23, 24.
Y Gorfforaeth Ddarlledu Brydeinig: Rhif 27.

Y CANU DYCHAN YNG NGHYMRU YN YR OESOEDD CANOL

Huw M. Edwards

Ni pherthyn ar brydydd ymyrru ar glerwriaeth, er arfer ohoni, canys gwrthwyneb yw i grefftau prydydd. Canys ar glerwr y perthyn goganu, ac anghlodfori, a gwneuthur cywilydd a gwaradwydd, ac ar brydydd y perthyn canmol, a chlodfori, a gwneuthur clod, a llawenydd, a gogoniant.

Gramadeg Barddol Einion Offeiriad
(tua 1320)

Ceir yn Llyfr Coch Hergest, yn gymysg â'r awdlau mawl a'r awdlau duwiol, gasgliad annisgwyl o ganu dychan y bedwaredd ganrif ar ddeg. Oni bai am chwaeth eang y noddwr Hopcyn ap Tomas o Forgannwg, a gomisiynodd y llawysgrif tua diwedd y ganrif honno, buasai ein dirnadaeth o weithgarwch y beirdd yng nghyfnod yr uchelwyr yn dlotach o gryn dipyn. Y mae'n gorff o ganu sy'n troi byd delfrydol y traddodiad moliant wyneb i waered. Yn lle dewrder ceir llyfrdra; yn lle haelioni, crintachrwydd; yn lle boneddigrwydd, taeogrwydd; yn lle prydferthwch, hagrwch; ac yn anad dim, yn lle anrhydedd, gwarth a chywilydd. Try ormodiaith moliant yn ormodiaith gwawd, ac oherwydd hynny bu tuedd hyd yn gymharol ddiweddar i gyffredinoli yn ei gylch, gan ei gysylltu â'r glêr ofer iselradd, neu yn amlach na pheidio i fynd o'r tu arall heibio, gan wrido yn wyneb y fath anlladrwydd a'r fath serthedd rheglyd. Dros y pymtheng mlynedd diwethaf, fodd bynnag, y mae awdlau ac englynion dychan y Llyfr Coch wedi eu golygu yn drylwyr yn rhai o gyfrolau cyfres 'Beirdd yr Uchelwyr' Canolfan Uwchefrydiau Cymreig a Cheltaidd Prifysgol Cymru. Daeth y tirlun yn llai niwlog bellach, a gwelir bod crynswth y canu mewn gwirionedd yn waith beirdd medrus; amryw, os nad y cyfan, ohonynt yn hyddysg hefyd yn y grefft o foli dyn a Duw.

Awgryma tystiolaeth y llawysgrifau mai *genre* newydd yw'r canu dychan sy'n blodeuo'n sydyn yn sgil dadfeiliad yr hen gyfundrefn farddol a fodolai yng nghyfnod y tywysogion. Er y gall bardd llys fel Cynddelw Brydydd Mawr, a ganai yn llysoedd brenhinol Powys a Gwynedd yn y ddeuddegfed ganrif, fygwth hogi ei arfau dychanol, nid oes yr un gerdd ddychan bur wedi goroesi o gyfnod cynharach na'r bedwaredd ganrif ar ddeg. Ond diau mai camarweiniol yw hynny, gan mai detholiad canonaidd o brif ffrwd y traddodiad moliant sydd i'w weld yng nghasgliad mawreddog llawysgrif Hendregadredd, a

3

1 Y traddodiad am farwolaeth Rhys Meigen, fel y'i cofnodir yn llaw Dr John Davies, Mallwyd, yn LlGC Llsgr. Peniarth 49, f. 156ᵛ.

luniwyd ar ddiwedd cyfnod Beirdd y Tywysogion. Holl ddiben y casgliad oedd diogelu canu swyddogol y llysoedd ar ei orau. Mewn gwirionedd, y mae natur gonfensiynol y canu dychan yn awgrymu'n gryf ei fod yn ddatblygiad aeddfed o draddodiad barddol hŷn. Y mae iddo ei ddelweddaeth a'i ieithwedd ei hun, ac arddull ddwys, gywasgedig sy'n tueddu i bentyrru'r naill sarhad ar ben y llall ar ffurf trosiadau lliwgar sy'n dwyn i gof y math o ddyfalu dychmygus sy'n nodweddu'r cywydd yn yr un cyfnod. Er gwaethaf y diffyg tystiolaeth lawysgrifol, ymddengys i'r confensiynau hynny aeddfedu ochr yn ochr â'r diwylliant mawl Taliesinaidd, ac fel gwrthbwynt iddo mewn cymdeithas a osodai werth mawr ar anrhydedd personol ac ar glod anfarwol y tu hwnt i'r bedd.

Mewn cymdeithas arwrol yr oedd ergyd seicolegol dychan i'w hofni lawn cymaint â'r cleddyf miniocaf. Gwae'r neb a brofai gywilydd; gwae'r neb a gollai wyneb. Sonia Diodorus Siculus am Geltiaid Gâl gynt yn herio eu gelynion ar faes y gad drwy ymffrostio yn eu dewrder eu hunain ac yng ngwrhydri eu cyndeidiau, ac yn ceisio tanseilio eu hyder drwy eu gwawdio a'u bychanu. Tystia hefyd y byddai eu beirdd yn canu i gyfeiliant offeryn tebyg i delyn, weithiau fawl ac weithiau ddychan. Y mae'n rhesymol tybio mai cleddyf daufiniog fuasai dawn y bardd yng nghymdeithasau Brythonig Prydain yn ogystal. Deisyfid ei weniaith; arswydid rhag ei wawd. Erbyn yr Oesoedd Canol yr oedd y gred hynafol yng ngrym melltithiol dychan yn dal yn gryf. Yng Nghymru, fel yn Iwerddon, yr oedd coel y gallai dychan beri anffrwythlondeb (fel y dengys chwedl Culhwch ac Olwen), anaf corfforol, neu hyd yn oed farwolaeth. Yn ôl traddodiad, gan mor filain oedd yr awdl ddychan a ganodd Dafydd ap Gwilym iddo, syrthiodd y clerwr Rhys Meigen yn farw ar ôl ei chlywed. Er bod cyfeiriad at hyn yn yr ymryson a fu rhwng Dafydd a Gruffudd Gryg, nid oes rhaid derbyn yr hanes yn llythrennol, ond dengys, o leiaf, fod yr atgof am ddylanwad arswydus melltith yn fyw ac iach. Rhywbeth tebyg sydd y tu ôl i'r geiriau a gofnodwyd yn Llyfr Coch Hergest uwchben englynion dychan o waith bardd a ganai tua dechrau'r bedwaredd ganrif ar ddeg, ychydig o flaen Dafydd ap Gwilym:

> Trahaearn Brydydd Mawr a'i cant i Gadwgawn Ficar a'i ddaw [mab-yng-nghyfraith] ac y llosges ei dŷ y Calan nesaf wedy ei ddychanu yn nos Nadolig ac y llas [lladdwyd] ei ddaw.

Pa un a oes coel ar yr hanes ai peidio, yr awgrym pendant yw mai grym y felltith a barodd yr anffawd hon. Y mae'n gred sydd â'i gwreiddiau ymhell yn ôl yn y gorffennol Celtaidd, a gall fod hynny'n wir hefyd am y farddoniaeth ei hun.

Rywbryd yn ystod degawdau cyntaf y bedwaredd ganrif ar ddeg bu'r Trahaearn hwn, bardd y credir ei fod yn hanu o Frycheiniog, a Chasnodyn o Forgannwg, yn dychanu ei gilydd. Ceir yn y Llyfr Coch ddwy gyfres hir o englynion lle y mae'r naill am y gorau yn bwrw gwawd ar y llall. Dyma ddwy o'r cerddi dychan cynharaf sydd gennym. Dengys gweddill eu canu eu bod yn feirdd ceidwadol a'u gwelai eu hunain yn llinach anrhydeddus Beirdd y Tywysogion, ac eto fe'u ceir yn y fan hon yn tynnu'n gwbl groes i hanfod y traddodiad mawl. Fel sy'n gyffredin yn y math hwn o ganu, caiff eu diffygion corfforol honedig eu difrïo yn ddidrugaredd gyda'r math o ormodiaith eithafol sy'n nodweddu'r *genre*. Tra bo Casnodyn yn chwerthinllyd o fychan (ystyr y llysenw yw llygoden fechan), y mae Trahaearn, fel yr awgryma ei lysenw yntau, yn glorwth o ddyn mawr trwsgl. Fel y disgwylid hefyd, bychenir eu statws barddol ac ansawdd eu canu. Yn ôl Trahaearn:

> Os ymliw a wnawn, ys amlach—fryntyn
> Nid oes fraint i'th focsach,
> A chwŷd am dy gerdd chwidach,
> Nog a chwardd, wrthlys bardd bach.

(Os edliw a wnawn, amlach ydyw, [y] budrogyn
Nad oes rhagorfraint i'th ymffrost,
Y sawl a chwyda am dy gerdd faldorddus
Nag a chwardd, ffieidd-dra bardd bach.)

Er mor greulon yw'r gwawd ar yr wyneb, ni ellir llai na synhwyro yn yr achos hwn mai tynnu coes sydd yma, math o ymryson, efallai, ar ffurf cellwair defodol rhwng dau brydydd cydnabyddedig er difyrrwch i'r noddwr ac i gynulleidfa'r neuadd. Y mae'r naill yn ymroi i ddychanu'r llall *fel petai'n* fân glerwr anfedrus a diurddas. Diau mai'r un math o gellwair sydd wrth wraidd amryw o'r cerddi dychan a ganwyd i feirdd eraill, ond y mae'n deg tybio hefyd fod diddanwyr is eu statws, y glêr ofer ddirmygedig, ymhlith gwrthrychau'r canu. Wrth ddisgrifio ei 'swydd' yn llys ei neiaint yn Nannau ym Meirionnydd, yn ogystal â darllen cyfraith sifil a moli prydferthwch Lleucu Llwyd, dywed Llywelyn Goch ap Meurig Hen ei bod yn arfer ganddo '[G]lau ddychanu llu lletffrom, / Clywir ei dwrf, clêr y dom'. Yr oedd dychan i'w ddisgwyl, felly, yn rhan o ddiddanwch llys uchelwr, a phe bai canu Llywelyn i glêr y dom wedi goroesi y mae'n sicr y buasai'n tynnu ar y gronfa gyfoethog o gonfensiynau a welir yn y Llyfr Coch ac yn awdl ddychan Dafydd ap Gwilym i Rys Meigen. Fel y clerwyr a ddychenir yn y Llyfr Coch, caiff Rhys Meigen ei ddarlunio fel rhigymwr ofer ac anfonheddig sy'n ymffrostio'n ddi-baid o Deifi hyd Fenai ac yn goganu pawb yn ddiwahân. Yn aml y mae'r cyhuddiad yma o ymffrost ac o fwrw gwawd di-sail fel petai'n cyfiawnhau'r dychan yn y cerddi hyn. Os yw Rhys Meigen yn falch, y mae hefyd, fel cynifer o'i gymheiriaid, yn euog o bechod glythineb. Fe'i disgrifir yn ymosod ar fêr a braster asennau breision mawr – 'Rhythgnawd cyn diawd, myn Cyndëyrn.'

Fel y gwneir yn nychan yr Oesoedd Canol yn gyffredinol, rhoddir lle anrhydeddus yn y canu i'r saith pechod marwol.

Enwir y pechodau hynny yng ngramadeg barddol Einion Offeiriad a luniwyd yn nauddegau'r ganrif – balchder, eiddigedd, cybyddiaeth, godineb, glythineb, llid a llesgedd (diogi) – gan fynnu eu bod yn llygru awen prydyddiaeth ac felly'n annheilwng o gelfyddyd y prydydd. Gwahaniaethir yn ddeddfol rhwng prydyddiaeth a chlerwriaeth:

> Ni pherthyn ar brydydd ymyrru ar glerwriaeth, er arfer ohoni, canys gwrthwyneb yw i grefftau prydydd. Canys ar glerwr y perthyn goganu, ac anghlodfori, a gwneuthur cywilydd a gwaradwydd, ac ar brydydd y perthyn canmol, a chlodfori, a gwneuthur clod, a llawenydd, a gogoniant.

2 Murlun o goeden y Saith Pechod Marwol, gyda Balchder ar y brig. Eglwys Hesset, swydd Suffolk, c.1370.

Gan fod rhai o brydyddion mwyaf dysgedig yr oes yn ymhel â dychan, y mae'n amlwg mai disgrifio'r hyn y carai ei weld a wnâi'r eglwyswr o ramadegydd, yn hytrach nag adlewyrchu'r sefyllfa fel yr oedd hi ar y pryd. Yn sgil yr ansicrwydd a oedd yn rhwym o ddilyn y Goncwest Edwardaidd, pan ddarfu am nawdd y tywysogion, gan orfodi'r beirdd i glera o lys i lys er mwyn ennill eu tamaid, y mae'n debyg ei fod yn awyddus i ailddiffinio'r gyfundrefn farddol ar ddechrau cyfnod newydd. 'Tri pheth a berthynant ar glerwr', meddai'r gramadegydd, 'ymbil, a goganu, a gwarthruddo.' 'Tri pheth a berthynant ar brydydd: clodfori, a digrifhau, a gwrthnau [gwrthod] gogangerdd.' Ond ni chafodd Einion ei ddymuniad.

Yr argraff a geir yw fod dychanu clerwyr israddol, a fuasai'n cystadlu am nawdd yn y cyfnod hwn, yn ffurf gyffredin ar ddiddanwch ymhlith y beirdd ac yn neuaddau'r uchelwyr. Gallai'r dychan weithio'r ddwy ffordd. Myn traddodiad mai'r hyn a ysgogodd awdl ddychan Dafydd ap Gwilym i Rys Meigen oedd i'r clerwr ganu englyn yn honni iddo gael cyfathrach rywiol â'i fam, englyn a ganwyd, meddir, ddydd Nadolig yn llys ewythr Dafydd, Llywelyn ap Gwilym. A cheir ambell awgrym yng nghanu'r cyfnod o ymrafael hir rhwng beirdd a'i gilydd ac o dalu'r pwyth am sarhad blaenorol, boed hwnnw'n sarhad gwirioneddol neu'n fater o ddychan defodol er diddanwch i gynulleidfa.

Ceir digon o dystiolaeth ddiweddarach ei bod yn arfer i feirdd is eu braint droi pencerdd yn gyff gwawd – yr hyn a elwid yn gyff clêr – â'u henglynion bras mewn neithior neu dros ŵyl y Nadolig. Drannoeth câi yntau gyfle i dalu'r pwyth i'w gyhuddwyr â'i ddychan ei hun. Dyma a ddywedir mewn un llawysgrif am ddychan o waith Tudur Aled:

> Llyma osteg neu ateb a wnaeth Tudur Aled i ddeuddeg o brydyddion, a haerodd iddo godi i setio at [ymosod ar] wraig un a elwid Badi, a'i glywed o'r Badi, a chael ffon a rhoi ffat i Dudur, a ffoi o Dudur, a Badi ar i ol. A hyn oedd y testun yn neithior Siôn Pilstwn Hen.

Bwrir goleuni ar yr arfer yng Ngramadeg Siôn Dafydd Rhys, a luniwyd yn niwedd yr unfed ganrif ar bymtheg:

> Neithior Brenhinawl, a bhydh pann briôder vn o waed y Tywyssawc . . . ac ynn honno, y gwneir Cyph Clêr, a hwnnw bhydh Pencerdh o'r goreu: ac yno y rhoir testyn dhigribh dhiwladâidh arr y Pencerdh i'r Prydydhion erailh i ganu idho ebh, i lawenhau'r Orsedh. A'r Prydydhion hynny a dhôn a'i Cerdh idho ebh, ac a'i canant arr ostec. A thrannoeth y daw ynteu a'i atteb idhynt hwytheu; a dyblu eu rhodhion a gânt hwytheu

yno. A hynn olh a notaynt [arferent] ei wneuthur wedy ciniaw, er mwyn didhânwch i'r Gynnulheidbha.

Yn ôl Statud Gruffudd ap Cynan (1523), sy'n uniaethu'r arfer â'r 'testunio' a gysylltir â'r 'teuluwr' yn y gramadegau barddol, dylid 'rhoi testun na bo gwir, rhag cywilyddio y gŵr wrth gerdd'. Yr hyn a wneir, felly, yw chwalu'r ffiniau dros dro, gwyrdroi'r drefn er diddanwch i'r beirdd eu hunain ac i'r gynulleidfa a fuasai'n rhannu'r jôc. Yng nghyd-destun priodas, dichon fod a wnelo'r ddefod â'r arfer cyntefig o wahodd dychan er mwyn dwyn lwc dda, ac y mae natur anllad, rywiol amryw o'r testunau sydd ar glawr yn arbennig o berthnasol yn y cyswllt hwn. Yn neithior Dafydd Amharedudd Fychan, er enghraifft, rhoddwyd testun ar Dudur Penllyn, a honnai i flaidd gipio ceilliau'r bardd, ac yn neithior Wiliam Llwyd yn Rhiwedog honnwyd i Ruffudd Hiraethog syrthio oddi ar ei geffyl i mewn i lyn lle y cafodd ei ysbaddu gan leisiad.

Er mai tywyll bellach yw cyd-destun ac amodau perfformio cerddi dychan y Llyfr Coch, gellir dyfalu mai traddodiad tebyg o dynnu coes a chelwydd golau sydd wrth wraidd peth o'r canu hwnnw hefyd, yn enwedig ar fesur englyn. Mewn englynion dienw haerir i ŵr o'r enw Einion gymryd mantais ar eboles a rhoi bod i epil yr un mor aflednais â'i dad. Ac mewn cyfres arall o englynion, gan fardd anhysbys eto, dychenir rhyw 'Lywelyn, felyn filwr', y bardd Llywelyn Goch ap Meurig Hen, yn fwy na thebyg, a dreuliodd gyfnod yn y fyddin yn y 1340au. Cyhuddir ef a'r beirdd a'i dilynai ar ei deithiau clera o fynnu gormod o wobr am eu mawl. Ond nid dyna'r cwbl. Ai gwir, gofynnir wedyn, yr honiad i'r Llywelyn hwn ddwyn ych?

Ai gwir i'r gŵr hir herw, gywrych—brofle,
    O briflwyth Merfyn Frych,
    Cymod clod, cleddyf gwaedwlych,
    Camel dawn uchel, dwyn ych?

(Ai gwir yw i'r gŵr [sydd ar] herw hir, lys barn [llawn]
                                                     cynnwrf,
O briflwyth Merfyn Frych,
Cymod clod, cleddyf gwlyb gan waed,
Camel balch ei anian, ddwyn ych?)

Boed gellwair neu beidio, go brin y bu i Lywelyn adael y
cyhuddiad heb ei ateb. Mwy dyfeisgar yw'r englynion a
ganodd bardd arall o Feirionnydd, Madog Dwygraig o
Benllyn, i ryw fardd o'r enw Tudur. Honna Madog mai
rhoddion go anghyffredin a gaiff Tudur yn llys Ithel, sef
deunyddiau gogyfer â'i gladdedigaeth, a thaer ddymuna ei
weld yn gelain rhwng ystyllod yr arch:

Ugeinhoel hëyrn i ogenydd—pell,
    Ceiniog pwll i'r clochydd,
  Ac elor Tudur gilydd,
  A galar na bâr ni bydd.

Hen garthen ruddwen yn ei rhuddwydd—geirw
    Am gorwgl y prydydd,
  O deml hen gywarch domydd,
  Damwain ond di-nain a'i nydd.

Pedair ystyllen, un mab bedydd—geifr,
    O gyfran coed bronnydd,
  Chwydlyd bryd bradw awenydd,
  Chwedl da o gwedda 'n y gwŷdd.

(Ugain hoelen haearn i oganwr pell [ei gri],
Ceiniog am fedd i'r clochydd,
Ac elor y gelyn Tudur,
Ac ni fydd na galar na digofaint.

Hen garthen wen ei grudd yn ei choed coch garw
Am gelain y prydydd,
O bentwr hen heliwr tom cywarch,
Odid nad rhywun di-nain a'i nydda.

3 Rhai o gerddi dychan Madog Dwygraig yn Llyfr Coch Hergest.
Coleg Iesu, Rhydychen, Llsgr. 111, f. 318ʳ.

Pedair ystyllen, unig fab bedydd geifr,
O gyfran coed bronnydd,
Awenydd chwydlyd, nychlyd yr olwg,
Bydd yn newydd da os bydd i mewn yng nghoed [yr arch].)

Ceir sawl enghraifft yn y Llyfr Coch o ddymuno marwolaeth y gwrthrych, ond er mor filain ac er mor ysgeler o felltithiol yw'r englynion hyn ar yr wyneb, nid annhebyg fod a wnelom yma eto â chellwair rhwng y beirdd a'i gilydd ar gyfnod gŵyl.

Y mae'r gwyrdroad hwn o berthynas ddisgwyliedig bardd a noddwr yn nodweddiadol o hoffter Madog Dwygraig o droi safonau'r prif draddodiad wyneb i waered, gan chwarae, mewn modd digon soffistigedig yn aml, â chonfesiynau barddol mwyaf parchus y canu mawl. Ar sail nifer y cerddi a roddwyd ar glawr, a'u hamrywiaeth hefyd, haedda ei alw yn ben dychanwr Llyfr Coch Hergest. Priodolir iddo ddwy ar bymtheg o gerddi yn y Llyfr Coch: dwy awdl fawl, dwy awdl farwnad, pedair cerdd grefyddol sy'n cynnwys dwy awdl gyffes, a chynifer â naw o gerddi dychan. Yr hyn sy'n drawiadol yw bod nifer o'r cerddi dychanol hyn yn amlygu'r un math o ysbryd arbrofol, yr un math o greadigrwydd a difyrrwch clyfar ag a welir yng nghanu'r Cywyddwyr cynnar tua'r un cyfnod. Un o nodau amgen arloeswyr y cywydd yw eu hoffter o groesi a drysu ffiniau *genres*, yn aml ag arlliw o barodi. Meddylier, yn anad neb, am Ddafydd ap Gwilym yn moli'r haf fel marchog urddol, yn olrhain achau hiraeth, neu'n priodi mawl ag elfennau'r canu serch a natur yn ei gywyddau i Ifor Hael; am ddefnydd annisgwyl Llywelyn Goch o fframwaith y serenâd ym marwnad Lleucu Llwyd; neu am ddefnydd – yr un mor ddyfeisgar – Iolo Goch o gonfensiwn yr ymddiddan rhwng yr enaid a'r corff i ddisgrifio taith glera.

Nod amgen y canu dychan, wrth reswm, yw canu'n groes i raen rheolaidd y traddodiad mawl; troi, fel y gwelwyd, rinweddau moesol a chorfforol byd delfrydol – byd gorddelfrydol – y canu mawl wyneb i waered, troi bendith yn felltith. Mewn ystyr eang, felly, y mae canu dychan y Llyfr Coch yn ei hanfod yn barodïol. Er mwyn gwerthfawrogi ergyd y dychan rhaid adnabod yn gyntaf nodweddion y prif draddodiad, ac y mae'n anochel fod yn y canu adleisiau a chyfeiriadaeth a fuasai'n fwy ystyrlon i gynulleidfa'r bedwaredd ganrif ar ddeg nag ydynt i ninnau heddiw. Gwelir y cyferbyniad ar ei ffurf fwyaf tryloyw mewn englyn fel hwn:

> Heb gyhydrwydd medd, heb gyhydreg—lles,
>   Na modd llys Dinorweg,
> Heb rost nac erchi gosteg,
> Heb rannau lletyau teg.
>
> (Heb gwmni medd, heb gwrdd â lles,
>   Na moes llys Dinorwig,
> Heb rost na mynnu gosteg,
> Heb ddognau lletyau teg.)

Yr hyn a wna Madog Dwygraig yma yw gwyrdroi hanfodion nawdd a pherchentyaeth yr uchelwyr, sef yr union rinweddau a fawrygir yn ei folawdau ef ei hun, ac yn ei awdlau marwnad i'w gymydog yn Llangywer, Gruffudd ap Madog o Lechwedd Ystrad. Yn halen ar y briw, haera Madog iddo ddal deiliad y lle, rhyw fardd sâl honedig o'r enw Rhucyn, ar ŵyl y Nadolig 'Ar barth rhwng dwy o'i wartheg' – 'A'i war ar bentan carreg / A'i din ar Hunydd grin greg'. Yr un yw'r ergyd mewn cerddi eraill o'r cyfnod hwn i noddwyr digroeso, fel awdl enllibus yr Ustus Llwyd i Ruffudd, Iarll Mawddwy, a'i hensyniadau rhywiol bras, neu awdl faith a chwyrn Hywel Ystorm i 'Addaf Eurych'. Rhyw lun ar of yw Adda, rhyw lun ar fardd hefyd, fe ymddengys, a chaiff ei gartref ei fychanu fel lle oer a llwm, lle y mae pawb ar eu cythlwng a lle nad oes parch i brifeirdd ar y gwyliau mawr.

4 Cerflun o'r Cybydd a'r Diafol a wnaed yn Ffrainc
yn y ddeuddegfed ganrif.

Lle heb win a medd ydyw, sef un o fotiffau canolog y canu
dychan i ddynodi taeogrwydd ac anfoesgarwch:

> Lle anardd, lle anaml selsig,
> Lle anoyw, lle anosgeiddig,
> Lle aelaw eilwydd pellennig,
> Lle dile, dilawch, adfydig,
> Lle dioludog, deoledig,—noeth,
> Nyth hwngrdlawd rhyniedig,
> Lle dine dynol flotëig,
> Lle denol dynion hirfrydig,
> Lle dire, dirwydd, adreisig,
> Lle dirodd, dirwydd, gwrthnysig,
> Lle difenwant plant plennig—Llusiffer,
> Llys uffern wenwynig,
> Lle y brysir bresych ŵyl Badrig,
> Lle berwir barf i fwch cerrig . . .

> (Lle hyll, lle prin ei selsig,
> Lle trist, lle di-lun yr olwg,
> Lle y bydd teithwyr yn cyfarfod yn aml,
> Lle ar chwâl, diloches a thruenus,
> Lle digyfoeth, gwrthodedig, noeth,
> Nyth rhynllyd, llwglyd a thlawd,
> Lle y mae pob creadur o gardotwr blawd yn welw,
> Lle deniadol i ddynion hirymarhous,
> Lle di-braidd, cyndyn a chreulon,
> Lle di-rodd, crintachlyd, gwrthnysig,
> Lle y mae plant melltigedig Lwsiffer yn goganu,
> Llys uffern wenwynig,
> Lle y brysir â'r bresych ar ŵyl Badrig,
> Lle y berwir barf bwch gafr y creigiau)

Dyma ddull cyffredin y dychanwr o bentyrru'r naill sen
ar ben y llall er mwyn dwysáu effaith y dychan. A thrwy
ddefnyddio'r cymeriad geiriol Lle . . ., diau fod Hywel
Ystorm yn parodïo rhethreg yr awdl foliant. Ceir yr un

cymeriad yn union mewn awdl o waith Dafydd ap Gwilym
wrth foli llys ei ewythr yn Emlyn, ond 'Lle cynefin gwin'
yw hwnnw, 'Lle chwyrn, llwybr tefyrn, lle beirw Teifi'.
Perthyn elfen gref o orchest i hyn oll, ac fe'i ceir ar ffurf fwy
eithafol fyth yn un o gerddi hynotaf Madog Dwygraig lle y
mae'n ailadrodd y gair amhersain *gwrach* dros ddeugain o
weithiau mewn saith englyn, yn debyg i swyngyfaredd
felltithiol. Ar yr olwg gyntaf y mae'n gerdd ddiymatal o
greulon, ond tybed nad cerdd i godi chwerthin ydoedd
mewn gwirionedd, drwy bentyrru'r ansoddeiriau a'r
epithetau dychanol yn gellweirus ddyfeisgar o'r naill englyn
i'r llall a hynny ar yr un brifodl drwodd:

> Gwrach aruthr, gwrach uthr, gwrach eithin—alaf,
>   Gwrach arwaf, gwrach erwin,
>   Gwrach egored gyffredin,
>   Gwrach garth, gwrach a tharth o'i thin.

> Gwrach ddu, gwrach hirddu, gwrach orddin—drafael,
>   Gwrach rywael, gwrach rewin,
>   Gwrach eirwd, ysgrwd ysgrin,
>   Gwrach oeraf, lawn anaf lin.

> (Gwrach aruthrol, gwrach arswydus, gwrach ac eithin yn
>   gyfoeth,
>   Gwrach arwaf, gwrach erwin,
>   Gwrach agored, rydd i bawb,
>   Gwrach garth, gwrach a tharth o'i thin.

> Gwrach ddu, gwrach hirddu, gwrach helbul gormes,
>   Gwrach wael iawn, gwrach ddinistriol,
>   Gwrach fwmial, sgerbwd mewn arch,
>   Gwrach oeraf a'i glin wedi'i anafu'n llwyr.)

Yn yr un cyfnod cawn yr un math o orchest ar ffurf
cymeriad geiriol diarbed mewn englynion dychan o waith y
bardd ceidwadol hwnnw, Gruffudd ap Maredudd ap Dafydd

o Fôn, a chan Iolo Goch, y naill yn canolbwyntio ar ben y
gwrthrych a'r llall ar ei safn. Er y gall yr holl wawdio ar
nodweddion corfforol ymddangos yn anghynnes i ni heddiw,
awgryma'r ymorchestu geiriol a mydryddol mai difyrrwch a
oedd wrth wraidd cerddi tebyg i'r rhain.

Y mae'r cyferbyniad â'r prif draddodiad, felly, yn ymhlyg
drwy'r canu dychan i gyd, wrth i eithafrwydd cadarnhaol y
canu mawl droi'n eithafrwydd negyddol, ond weithiau ceir
parodïo mwy penodol. Un o epithetau parchusaf y canu
mawl a'r canu duwiol yw 'llywydd', ond dyma Madog
Dwygraig yn ei gymhwyso'n goeglyd i ryw grachfardd
honedig arall:

> Llywydd, mws wybrydd mis Ebrill—ar ffest,
>   Yn erbyniwr gwest, yn arw bennill.

> (Llywydd, crwydryn drewllyd mis Ebrill mewn gwledd,
>   Yn dderbyniwr lletyaeth, yn arw ei bennill.)

Ceir yn y gerdd hon ddyfalu annisgwyl, fel y ddelwedd
'Llygoden felen ar foly cipyll—cŵn' (Llygoden felen ar ochr
boncyff cŵn) sy'n dychanu bychander ei gorff, yn debyg i
drosiadau Trahaearn Brydydd Mawr wrth ddychanu
corffolaeth Casnodyn. Y mae delweddau anifeilaidd diraddiol
yn frith drwy'r canu dychan, ac yn nelweddau'r awdl hon –
llygoden felen, cudyll, epa, llwynog, bawci, coriar, heb
anghofio 'min rhydain [carw] i mywn rhidyll' – ceir
gwrthbwynt digrif i holl lewod a gweilch y traddodiad arwrol.
Y mae llinell gyntaf yr awdl, 'Llosgid tân rwyfan refr cidyll—
haearn' (Llosged teyrnasiad tân din cudyll haearnaidd), yn
dwyn i gof y disgrifiad 'Rhwyfan tân taerwres' ([Un a chanddo]
dywysogaeth [fel] tân tanbaid) yn un o farwnadau Cynddelw
Brydydd Mawr gynt, a gall fod yn adlais ymwybodol, yr un
mor goeglyd, o urddas y canu mawl. Gellir cymharu hyn â'r
adleisio eironig a geir mewn awdl hirfaith gan Lywelyn Ddu
ab y Pastard, un arall o ddychanwyr y Llyfr Coch, sy'n

dychanu Madog ap Hywel a saith o'i ddilynwyr. Yn yr awdl
honno, er enghraifft, diau fod y llinell anhyfryd 'Cachreeidr
beleidr boly llyngerog' (Gwaywffyn [sy'n] rhaeadrau cach bol
llyngyrog) yn wyrdroad gwrtharwrol o ddisgrifiad fel 'Peleidr
gwaed reeidr' ([Yr un a chanddo] waywffyn [sy'n achosi]
rhaeadrau o waed) ym moliant Rhisierdyn i Oronwy Fychan
ap Tudur o Benmynydd, ac o gyfuniadau geiriol tebyg gan
Feirdd y Tywysogion. I gynulleidfa'r beirdd a oedd wedi ei
thrwytho yn y prif draddodiad, buasai cryn ddigrifwch mewn
anghydnawsedd o'r fath. Yn awdl Madog Dwygraig ceir hefyd
y disgrifiad enigmatig hwn: 'Lletawd clêr waddawd, clo ar
weddill—cath.' Ffurf ar y ferf 'lledu' yw 'lletawd', sy'n
ymddangos yn aml wrth sôn am ledaenu clod neu foliant
noddwr: 'Moliant llew lletawd o'm baniar', meddir mewn
awdl fawl ddienw o'r bedwaredd ganrif ar ddeg (Bydd moliant
[y] llew oherwydd fy nghlod yn lledu). Gwaddod y glêr yw'r
cwbl a ledaenir gan y brawd hwn. A beth am ail ran y llinell –
'clo ar weddill—cath'? Yng ngoleuni trosiadau fel 'clo clod',
'clo celfyddyd' a 'clo mydr' i arwyddo awdurdod neu
ragoriaeth bardd neu noddwr, chwerthinllyd a sarhaus i'r
eithaf fuasai galw neb yn glo ar faw (neu gelain) cath. Buasai'r
llinell yn go dywyll oni bai am ystrydebau'r canu mawl,
ystrydebau a oedd, mae'n rhaid, yn gyfarwydd i'r gynulleidfa
os oedd am lwyr werthfawrogi ergyd y gyfeiriadaeth. Yr hyn a
wna Madog yma yw tynnu ar ei ddysg farddol i esgor ar goegni
cyfrwys, fel y mae'n brolio ei feistrolaeth fydryddol drwy
ganu'r awdl ar yr odl boenus o gyfyngus –*ill* (er bod odlau mwy
annhebygol fyth i'w cael mewn cerddi dychan eraill, yn
enwedig mewn englynion proest). Rhaid cyfaddef nad coegni
ac eironi ond gormodiaith anghynnil sydd fwyaf cyffredin yn
nychan y Llyfr Coch drwyddo draw, a cheir digonedd o hynny
gan Fadog ei hun. Ond i ddarllenydd modern, o leiaf, y mae'n
fardd sy'n nodedig am ei hiwmor.

Yn ogystal â hiwmor a pharodi, ceir elfen storïol gref sy'n
achub llawer o ganu'r bardd rhag y math o undonedd a all

nodweddu'r *genre*. Eironig, yn ddiau, a ffug-fawreddog yw'r defnydd o'r gair 'ystoria' – sef hanes ysgrifenedig fel rheol – yn y gerdd sy'n cychwyn yn faledaidd: 'Ystyried bobloedd ystoria—Ddeicyn'. Er nad oedd 'o ddwyach dda', llwyddodd Deicyn i gael gafael ar gyfoeth ac ar lys ysblennydd, gan fyw am gyfnod fel gwrda a'i barch yn fawr ymhlith y beirdd. Ond oherwydd ei falchder a'i drahaustra collodd y cwbl, a'i dynged bellach oedd cardota hyd y wlad, gan chwilio'r perthi am fwyd i'w gynnal, a chael ei orfodi i werthu'r gwisgoedd drudfawr a oedd yn atgof creulon am ddyddiau gwell. Yn yr englyn clo try Madog i gyfarch ei gynulleidfa drachefn: 'Syniwch ar Ddeicyn a senna [a wawdia]– pobloedd' – boed ei dynged yn rhybudd i bawb. Lleolir yr hanes ym mro 'Asa—sant / Lle ydd oedd saint a chyrchfa', a honnir i Ddeicyn ladrata ysgubau 'O'r esgobawd yma', sef esgobaeth Llanelwy (yr oedd bro Madog ym Mhenllyn yn rhan ohoni). Un gynulleidfa bosibl i'r foeswers ddifyr hon fuasai clerigwyr Llanelwy, yn debyg i gywyddau Iolo Goch i'r Brawd Llwyd sy'n eu hamddiffyn rhag cyhuddiadau'r Ffransisgiaid. Canodd Iolo yn helaeth i eglwyswyr Llanelwy, a gall mai un o glerigwyr Llanelwy oedd y Madog ap Hywel a ddychenir ganddo fel 'nid ail Asaff' mewn awdl a gofnodwyd yn y Llyfr Coch.

Y mae 'Ystoria Ddeicyn' yn enghraifft brin o naratif storïol, a'r dweud, ar fesur englyn, yn anghymhleth, heb ddim o ymorchestu geiriol arferol y canu dychan. Cerdd arall yn yr un cywair yw awdl hwyliog ac amharchus Iocyn Ddu ab Ithel Grach a gofnodwyd eto yn Llyfr Coch Hergest, yr unig enghraifft o'i ganu sydd ar glawr, gwaetha'r modd. Dyma'r pennill cyntaf:

> Rhodiwr fydd clerwr, clau ei adlais,
> Rhaid imi honni, hyn a gefais:
> Rhyw oedd ym ymbil am bais—fotymawg
> Fforchawg ddiflewawg, ddwy aflawais.

(Crwydrwr fydd clerwr, hyglyw ei lef,
Rhaid imi ddatgan, dyma a gefais:
Priodol oedd imi erfyn am siaced fotymog
Fforchog, anflewog, ?dwy asen yn fforchio.)

Â rhagddo i adrodd hanes ei daith glera yng ngogledd-
ddwyrain y wlad, gan enwi Dyffryn Clwyd a Chlawdd Offa,
Marchwiail a Llanferres yn yr hen sir Ddinbych, ac Aberriw
a Chemais yn Nhrefaldwyn. Ymffrostia yn yr anturiaethau
carwriaethol a ddaeth i'w ran ar hyd y ffordd, ond pan
gyrhaeddodd dref Caer aeth pethau o chwith. Yno, yng
nghartref un o fwrdeisiaid y dref, rhoes yr ystiward llys ef i
eistedd ar lawr ymhlith y glêr ofer, a rhwng chwydu a thagu
ar yr arlwy brin bu iddo bron â marw o newyn: 'Mawr oedd
fy syched, pesychais—am lyn [diod], / A mwy fy newyn, mi
a'i naw-wais.' Dialodd, meddai, ar ei westeiwr crintachlyd
drwy gael ei ffordd ei hun gyda'i 'wraig hŵr', a thynga na
fydd byth eto'n mentro gwledda ar weddillion Sais.
Dychwelyd i Gymru amdani, felly, mewn gobaith y caiff
afael ar ddilledyn o'r diwedd:

Mae'r herlod? Cyfod, cais—ym f'esgidiau,
   Ysgadan a brynais;
Yfory 'dd af Lanferrais,
O Fair, pwy a bair ym bais?

(Ble mae'r llanc? Cwyd, dos i 'mofyn f'esgidiau imi,
'Rwyf wedi prynu penwaig;
Yfory fe af i Lanferres,
O Fair, pwy fydd yn fodlon darparu siaced imi?)

Dyma enghraifft hynod ddiddorol o ddychan gwrth-Seisnig
ar drothwy Gwrthryfel Owain Glyndŵr, ac awgryma'r
ymadroddi rhwydd, lled-lafar a llacrwydd y cynganeddiad y
buasai'r gerdd yn debyg o apelio at gynulleidfa eang. Rhydd
gip ar fath o ddiddanwch sy'n nes at gywyddau'r troeon
trwstan nag ydyw at gywair mwy ffurfiol yr awdl.

Tebycach i drwch y canu dychan yw awdl Madog
Dwygraig i'r gwëydd. Y mae hwn hefyd yn rhyw lun ar glerwr
– 'Crwydrwr, goganwr am gig Ynyd', sy'n dwyn i gof driawd y
gramadeg barddol: 'Tri pheth a berthynant ar glerwr: ymbil, a
goganu, a gwarthruddo.' Awgrymir bod rhyw gynnen rhwng y
ddau fardd: 'Cas bryf i wrthyf a wrthyd—cynghrair' (Creadur
atgas sy'n gwrthod cyfamod gennyf), meddai Madog, a hawdd
dychmygu'r ddau yn dychanu ei gilydd ar gân, boed y
drwgdeimlad rhyngddynt yn wirioneddol ai peidio. Pentyrrir
y naill ddelwedd weledol grotésg ar ben y llall: y mae'n 'gribin
danheddgrin' a'i stondin grwydrol sigledig yn drewi'n waeth
na rhyw 'gipr ystifflyd', esiampl arall o hiwmor digon
annisgwyl. Fel sy'n weddol gyffredin yn y canu mawl ers
cyfnod Beirdd y Tywysogion, cyflwyniad crefyddol sydd i'r
gerdd, ond caiff swyddogaeth ddifrifol y confensiwn hwnnw
ei gwyrdroi i ofyn melltith Crist ar wrthrych y gerdd: 'Crist
Arglwydd didrist . . . Cymen Gadeirnen gedernyd—difreg, /
Cain a ferthyr teg, cwynaf wrthyd' (Crist Arglwydd dedwydd
. . . Arglwydd rhagorol, perffaith Dy gadernid,/Merthyr gwych
a theg, cwynaf wrthyt). Gwneir peth tebyg gan Lywelyn Ddu
ab y Pastard a chan Hywel Ystorm hefyd yn ei ddychan i'r
crefftwr arall hwnnw, Addaf Eurych. 'Breiniol Nen dwywol,
na'n difa—erom' (Urddasol Arglwydd dwyfol, er ein lles paid
â'n dinistrio), medd Iorwerth ab y Cyriog yng nghyflwyniad ei
awdl i Dduw; ymbil ar y Creawdwr i ddifa'r gwëydd a wna
Madog Dwygraig. Y mae Madog, fel ei gyfoeswyr, yn hoff o
frolio'r gwisgoedd a gafodd yn rhodd gan ei noddwyr, ond
datod y mae gwisg y 'tincr grefftyn brethyn' hwn.

Hawdd gweld sut y gallai *genre* y canu gofyn a diolch fod
yn wrthbwynt eironig i gerdd fel hon i gynulleidfa gyfoes.
Canu'n groes i'r canu diolch a wna'r Ustus Llwyd wrth
ddifenwi offeiriad cybyddlyd sydd heb gadw ei addewid i roi
swrcod, sef math o gôt neu diwnig, i'r bardd. Yng ngolwg y
beirdd yr oedd cybydd-dod noddwr yn cyfiawnhau dychan, a
daw'r swrcod yn ogystal â'r offeiriad dan lach finiog tafod yr

Ustus Llwyd. Yn un o'i gerddi difyrraf honna Madog Dwygraig iddo dderbyn llo yn anrheg, ond llwdn esgyrnog a thila ydoedd – 'Nid mwy no'r chwannen ar erchwynnog' – a seithug fu pob ymgais i gael ei wared. Try'r mawl defodol i'r rhodd, felly, yn fychanu llawn gormodiaith anghymesur sy'n cynnwys litani hynod o glefydau gwartheg, a thry'r diolch i'r rhoddwr yn felltith: 'Emelltith Fab Duw . . . / I'i dŷ a'i feudy o dai Fadog.' Unwaith eto, gwelir hoffter Madog o naratif wrth iddo'i osod ei hun yn gymeriad yng nghanol y ffars:

> Tuthiais a gwylliais ar draws gwyllion
> I geisiaw'r addaw, gas arwyddion,
> Cael cymar dyfriar, dwyfron—anghyman,
> Gwan ei ffurf allan, ni phawr feillion.

> (Tuthiais a rhuthrais ar draws tiroedd gwyllt
> I geisio'r hyn a addawyd, argoelion cas,
> Cael cymar dyfriar, dwyfron ddi-lun,
> Gwan ei ffurf allan, nid yw'n pori meillion.)

Bu Iolo Goch yn chwarae â'r un *genre* wrth ganu dau gywydd yn gofyn ac yn diolch am farch gan ei noddwr Ithel ap Robert pan oedd hwnnw yn archddiacon Llanelwy. Ac er nad dychan fel y cyfryw sydd gan Iolo, y mae ysbryd cellweirus ei gerddi yn ddigon tebyg i awdl Madog Dwygraig. Diau mai parodïo'r arfer o olrhain achau'r noddwr, yn null y canu gofyn a diolch, a wna Madog wrth honni i'r llo druan gael ei eni yn yr un oes â Chynog a Deiniol, o hil hen fuwch foel Coel Godebog. Dyna gwmni mawreddog yn wir – dau o enwogion Oes y Saint a sylfaenydd rhai o linachau brenhinol yr Hen Ogledd, cyndad Urien Rheged. Tebyg yw haeriad Iolo Goch yn ei gywydd dychan i wreigan a lysenwir Herstin Hogl: 'Haeru a wneid ei bod hirynt / Yn oes hen Geridfen gynt', sef y wrach Ceridwen o chwedl Taliesin. Y mae cerdd yr Ustus Llwyd i'r swrcod yn orlawn o gyfeiriadaeth hanesyddol a chwedlonol ddysgedig sy'n gwawdio hynafiaeth y dilledyn. Ailadroddir un o fformiwlâu'r corff o ganu sydd ynghlwm wrth chwedl

Taliesin: 'Hi a fu am Eraint ac am Arwy . . . / Hi a fu am
Frutus yn hen fretyn', ac felly ymlaen am ryw ddeg ar hugain
o linellau. Yn yr un ysbryd parodïol, gall fod yr alwad sy'n
cychwyn pob caniad ond yr olaf yn awdl Madog Dwygraig,
'Tprue! Löe lo' (Tprue! Lo y lloi), yn cynnwys adlais gogleisiol
o'r teitl *rex regum*, 'brenin y brenhinoedd'. Byddai hynny'n
gwbl gyson â'r gwreiddioldeb a'r cywair gwrtharwrol sy'n
nodweddu dychan y bardd.

Y gerdd sy'n amlygu dyfeisgarwch Madog Dwygraig orau,
fodd bynnag, yw'r awdl ddychan a ganodd i ferch o'r enw
Maald ferch Ddafydd. Yr hyn a geir yn yr awdl, a hynny
mewn cynifer â saith caniad ar saith mesur gwahanol, yw
cofnod melodramatig a chwerw-fanwl o'r modd yr aeth y
ferch hon ati i ysbeilio afallen y bardd a dwyn ei holl afalau.
Cafodd y goeden bob gofal ganddo. Fe'i himpiodd â'i gyllell
a'i ordd, cododd bolion a drain o'i chwmpas, ond neithiwr,
meddai Madog, a'i galon ar hollti, aeth y cwbl yn ofer. Un
noson cyn Gŵyl Ieuan dyma Maald yn sleifio dros gae drysi
â'i chrysbeisiau a'i ffyn a'i bachyn coed, ac yn dwyn digon o
afalau i dylwyth cyfan:

> Rhai'n amrwd mywn cwd cad 'n ei mynwes,
> A llawer ynghudd ym mhob llawes,
> Rhai a hawdd ferwawdd, ferwafl trigwres—tân,
> Rhaib abo perllan, rhai a bobes.

> (Rhai'n amrwd mewn cwd a gafwyd yn ei mynwes,
> A llawer ynghudd ym mhob llawes,
> Rhai a ferwodd yn rhwydd, gafl ferw, chwilboeth fel tân,
> Rhaib sgerbwd perllan, rhai a bobodd.)

Gwelir bod manylder chwerw'r disgrifio yn ogleisiol ynddo'i
hun, ac y mae'r modd y mae Madog yn cyfarch yr afallen ac yn
ei phersonoli fel dioddefydd clwyfus yn ychwanegu at naws
drasicomig yr awdl. Y mae'r gerdd yn ddigon hynod oherwydd
ei phwnc. Y mae'n hynod hefyd oherwydd anlladrwydd y

5 *Sheela-na-gig*, gynt yn Eglwys y Drindod Sanctaidd, Llandrindod, yn dyddio o'r ddeuddegfed ganrif, yn ôl pob tebyg. Deil rhai fod y ffigurau hyn yn ddelweddau o drachwant rhywiol merched.

dychan gwrth-fenywaidd. Dychenir anlladrwydd Maald drwy gyfrwng y cysylltiad ymhlyg rhwng yr afalau a'r afal drwg yn Eden. Cafodd cnwd yr afallen ei ysbeilio 'o flas, o flys merched', trawiad cynganeddol a gysylltir droeon gan y beirdd â phechod Efa ym mharadwys. Uniaethir Maald, felly, ag Efa, y bechadures gyntaf. 'Poeth fursen finwen' ydyw 'o fynwes— cae drain', putain gyffredin sy'n denu gwŷr meddw i'w gwâl.

Gan chwarae'n goeglyd ar amwysedd y gair 'ffrwyth', disgrifir
Maald fel 'Dyn ni ŵyr ffrwythau sallwyrau saint':

> Saith gastr aeth ynddi a saith ugaint
> O lodrau rhiau rhy anghywraint;
> Prif fuchedd merch weddw oedd wŷr meddwaint,
> Plygai eu caliau amgylch plygaint,
> A dengniawl a dynn cwbl o'i dengnaint,
> Dyn ni ŵyr ffrwythau sallwyrau saint.

> (Aeth saith cala i mewn iddi a saith ugain
> O lodrau arglwyddi rhy annoeth;
> Prif foddion cynhaliaeth y ferch ddibriod oedd gwŷr
> meddw,
> Plygai eu caliau tua thoriad gwawr,
> A deg diawl a dynn bob un o'i deg dant,
> Merch na ŵyr ffrwythau salmau'r saint.)

Gwelwn yr un math o faswedd yn y Llyfr Coch yn
nychan Gruffudd ap Maredudd i ferch o'r enw Hunis, ac yn
awdl Prydydd Breuan, bardd o ogledd Penfro, mae'n debyg, i
Siwan Morgan o Aberteifi. Dyma ddwy o'r cerddi mwyaf
anllad yn y traddodiad dychan Cymraeg. Y mae'r pwyslais
ar afradlonedd rhywiol puteinllyd y merched hyn, fel yn y
pennill hwn i Siwan:

> Rhydd fydd faedd-dwll cwll caill ddyrnodau,
> Rhwydd Siwan o'i gwân gweindwll ffrydiau,
> Rhid anwar daengar, dingau,—ddiserchson,
> Rhudd bwdrfon cynrhon, canrheg biau.

> (Agored i bawb fydd twll pwyedig y bol [sy'n gyfarwydd
> â] dyrnodau ceilliau,
> Hael fydd Siwan os bydd ffrydiau yn ei gwanu yn nhwll
> ei gwain,
> Cnychiad [merch] wyllt, barod i ymledu, dinagored,
> ddiserch ei geiriau,
> Tin goch bwdr, gynrhonllyd, y mae iddi gant o roddion.)

Ceir awgrym gan Fadog Dwygraig fod eraill wedi rhag-weld y buasai Maald yn beichiogi petai'r bardd yn ymhel â hi, ac mai gwireddu'r darogan hwnnw yw achos ei siom. Ofer hefyd fu'r rhybuddion a roddwyd i Brydydd Breuan am Siwan:

Cyd bythwn bardd a phrydydd
A dedwydd ar swrcodau,
Hi a wyddiad fy nhwyllo,
Myn Cynllo a Thybïau;
Wrth na chredais gant rhybudd
Cyn cystudd a cholledau,
Ef a'm gelwir am Siwan
Gwaeddan gwaeth ei newidiau.

(Er fy mod yn fardd a phrydydd
Ac yn ddedwydd mewn swrcodau,
Gwyddai hi sut i'm twyllo,
Myn Cynllo a Thybïe;
Gan na chredais gan rhybudd
Cyn [dioddef] trallod a cholledion,
Fe'm gelwir o achos Siwan
Yn waeddwr marchnad a'i nwyddau'n waeth [eu cyflwr].)

Ymddengys mai twyll merch, gwir neu ddychmygol, sydd wrth wraidd y tair cerdd fel ei gilydd. Y mae'r beirdd fel petaent yn canu'n fwriadol groes i felyster y canu serch, ac yn y bedwaredd ganrif ar ddeg nid oedd yr un Werful Mechain i dalu'r pwyth yn ôl.

Mwy hynod fyth na'r dychan rhywiol gwrth-fenywaidd yw'r ffaith fod Madog Dwygraig yn cychwyn pob un o'i saith caniad â'r fformiwla 'Afallen beren . . .', sy'n adlais beiddgar o'r gerdd 'Afallennau Myrddin' o Lyfr Du Caerfyrddin. Cymysgedd yw'r 'Afallennau' o chwedl Myrddin Wyllt o'r Hen Ogledd a'r amryfal ddaroganau a gysylltwyd â'i enw. Er nad oes tebygrwydd mawr rhwng y cerddi, ar wahân i'r fformiwla 'Afallen beren . . .' sy'n cychwyn caniadau'r ddwy gerdd, a'r elfen o ddarogan, dyma Madog unwaith eto yn manteisio i'r eithaf ar ei ddysg farddol. Buasai'r parodi'n ddigrif o anghydnaws i gynulleidfa o'r bedwaredd ganrif ar ddeg, wrth iddo gynysgaeddu ei fygythion i'r lleidr afalau ag awdurdod tywyll yr hen ganu darogan, yn debyg i'r modd y mae'r Ustus Llwyd yn efelychu arddull cerddi'r Taliesin chwedlonol yn awdl y swrcod. Y mae Madog hyd yn oed yn bathu triawd newydd sbon, gan adleisio un o hoff ddyfeisiau'r canu mawl yn y cyfnod hwn: 'Tair afallen pêr, pored—o anfodd', sef pren gwybodaeth Gardd Eden, afallen Myrddin yng Nghoed Celyddon yn yr Hen Ogledd lle y bu'n cuddio rhag Rhydderch Hael yn sgil lladd ei frenin, Gwenddolau, ym mrwydr Arfderydd, ac afallen druenus y bardd ei hun. Os nad yw canu dychan y cyfnod hwn ar ei waethaf yn ddim amgenach na phentwr o felltithion ystrydebol, ar ei orau y mae iddo amrywiaeth a dyfeisgarwch sy'n tystio i ddysg a dychymyg y beirdd.

Mesurau'r awdl a'r englyn oedd cyfryngau pennaf y traddodiad dychan ac, fel yr awgrymwyd, y mae'n debyg bod y traddodiad hwnnw'n ymestyn yn ôl ymhellach na'r bedwaredd ganrif ar ddeg. Wrth ganu cywyddau dychan 'pur' yn ail hanner y ganrif ymddengys fod Iolo Goch, a oedd yn troi yn yr un cylchoedd â Madog Dwygraig, yn torri tir newydd, fel y gwnaeth wrth droi'r cywydd yn gyfrwng i fawl a marwnad mwy ffurfiol na'r hyn a geid yng nghywyddau Dafydd ap Gwilym i Ifor Hael. Cofier mai awdl, ac nid cywydd, oedd y cyfrwng a ddewisodd Dafydd i ddychanu Rhys Meigen. Yn ddiddorol iawn, yn un o'i gywyddau serch y mae'n rhybuddio'r ferch: 'Na fyn ogan fal anael'; 'Angof ni wna dda i ddyn', meddai, 'Anghlod yn awdl neu englyn.' Y mae cywydd Iolo i Herstin Hogl, dynes yr honnir bod ysbrydion dwy wrach o'i mewn, yn bwrw goleuni ar yr elfen o gellwair ac ymryson sy'n perthyn i ddychan y beirdd. Cyn ymroi i'w dychanu esbonia fod ei gyfaill Ithel Ddu o Lŷn, 'athro'r gerdd', wedi herio'r beirdd i ganu marwnad iddi:

Erchaist i feirdd orchest fawr,
Arch afraid cyn eiry Chwefrawr,
Goffáu y gïau ffiaidd,
Gythwraig, ymddanheddwraig haidd,
Hersdin Hogl a'r arogl oer,
Henllodr figyrnbodr garnboer.

(Gofynnaist i'r beirdd gyflawni gorchest fawr,
Cais diangen cyn eira Chwefror,
Sef coffáu y gïau ffiaidd,
Gwraig ymwthgar, gwraig sy'n dadlau am haidd,
Herstin Hogl a'r arogl enbyd,
Un lawn crachboer a'i llodrau'n hen a'i migyrnau'n bwdr.)

Er bod y mesur yn wahanol, a'r dyfalu at ei gilydd yn fwy dyfeisgar, gwelir bod y gwawd gorchestol o ansoniarus yn yr un ysbryd ag awdlau ac englynion dychan y Llyfr Coch. Ac o gofio ei hoffter o 'oganu ac anghlodfori', hawdd dychmygu Madog Dwygraig yn un o'r beirdd y bu iddynt ymateb, gyda Iolo, i her Ithel cyn eira Chwefror, sef dros wyliau'r Nadolig a'r Calan, adeg a gysylltir yn aml, fel y gwelwyd, â dychan a chellwair y beirdd. Fe gofir bod englynion Madog i'r wrach ymhlith ei gerddi mwyaf trawiadol.

Gwyrdroi confensiynau'r farwnad swyddogol a wna Iolo yn y cywydd hwn, yn union fel y mae trwch mawr y canu dychan yn tynnu'n groes i ddisgwyliadau'r traddodiad mawl. Bron nad yw'n parodïo ei farwnadau mawreddog ef ei hun i rai fel Ithel ap Robert, archddiacon Llanelwy, a Syr Rhys ap Gruffudd, un o uchelwyr mwyaf grymus ei oes. Ceir ganddo ddisgrifiad o gladdedigaeth urddasol Syr Rhys yng nghôr yr eglwys yng Nghaerfyrddin; ni chaiff Herstin Hogl nac offeren nac offrwm, dim ond sŵn curo truenus ei ffust ddyrnu yn erbyn ei chrochan, 'A'i deuglaf yn rhoi dwyglap'. Aeth Syr Rhys i'w fedd yn ei arfwisg loyw a'i arfau i'w ganlyn, 'A'i genedl yn ei gwynaw'; mewn berfa yr aed â Herstin Hogl i'w chladdu, a hynny yn ei brat 'yng nghwr bwth'. Ceir parodi o

ewyllys hefyd mewn rhestr hir o drugareddau diwerth sydd
i'w rhannu 'rhwng clêr' – ei blawd a'i chwd a'i gogr a'i chi a'i
chath, ac yn y blaen. Ac yn groes i arfer y farwnad, nid oes
sôn yma am fendithio'r etifedd na'i foli. I'r gwrthwyneb: 'I
ddiawl oedd ohoni ddyn, / I ddiawl yntau Wyddelyn.'
Neilltuir cywydd arall gan Iolo i ddychanu'r Gwyddelyn, mab
Herstin Hogl, gan ei bortreadu fel crachfardd atgas a diurddas
o Lŷn. Haws, meddir, fuasai i hwnnw, 'was osler hen', sychu
march Ithel Ddu a bwrw allan ei ebol nag 'ymgyrchu' ag ef
neu â Madog Dwygraig. Yn wahanol i'r Gwyddelyn, myn Iolo
nad 'clêr . . . llawr tref' na 'beirdd y blawd' mohono ef a'i ddau
gyfaill, ond prifeirdd profedig mawr eu parch. Yma eto, cawn
gip ar gyd-destun ymrysongar y traddodiad dychan Cymraeg
yn yr Oesoedd Canol.

    Yr un ieithwedd a'r un arddull drosiadol ddwys a welir yng
nghywydd Iolo yn moli'r hen delyn rawn ac yn dychanu'r
delyn ledr, ac felly hefyd yn ei gywydd gorchestol i'r llong.
Tyn Iolo ar yr un traddodiad yn ei ddau gywydd dychan i'r
brodyr llwydion, fel y gwna Dafydd ap Gwilym yn ei
gywyddau yntau i'r brodyr bregethwyr. Dengys awdl Dafydd i
Rys Meigen ei fod yn gwbl gyfarwydd â gofynion y *genre*, ac
er na chanodd, hyd y gwyddom, yr un gerdd ddychan 'bur' ar
y mesur newydd, cyfoethogir ei gywyddau yn aml gan eirfa ac
ysbryd y canu dychan. Dyna a welir wrth iddo wawdio'r gŵr
eiddig, neu yn yr holl ddyfalu negyddol sy'n nodweddu, er
enghraifft, ei gywydd i'w gysgod, neu gywyddau sy'n
melltithio adar anghynorthwyol fel y dylluan, y bioden a'r
cyffylog, neu rwystrau naturiol fel y niwl a'r rhew a'r lleuad.
Er bod y cywyddau yn fwy dychmygus na'r rhan fwyaf o
ddeunydd y Llyfr Coch ac yn codi i dir llenyddol uwch,
hawdd deall paham yr awgrymwyd bod dyfais dyfalu fel y
cyfryw yn tarddu o briod arddull y canu dychan. Yn gymysg â
dadl bwysig ynghylch swyddogaeth barddoniaeth, ceir dogn
dda o ddychan hefyd yng nghywyddau ymryson Dafydd ap
Gwilym a Gruffudd Gryg o Fôn, a hwnnw'n ddychan

personol a go agos at yr asgwrn, yn enwedig o gyfeiriad Dafydd. Caiff atal dweud Gruffudd ei wawdio fwy nag unwaith, ac y mae'r ddau fardd yn bwrw sen ar famau ei gilydd. Diau fod yma elfen o gellwair, a bod dychanu defodol yn elfen ddisgwyliedig o'r ymrafael rhwng dau fardd, fel y mae mewn ymrysonau barddol eraill yng Nghymru a thu hwnt. Ceir yr un cyfuniad o ddadl ddifrifol ac enllib noeth, a masweddus yn aml, mewn ymrysonau diweddarach, fel ymryson Rhys Goch Eryri a Llywelyn ab y Moel, neu ymryson enwog Rhys Goch Eryri a Siôn Cent ynghylch yr awen gelwyddog. Bu Guto'r Glyn yn ymryson â sawl un o'i

6 Gargoel masweddus ar fur Eglwys Gadeiriol Autun, Ffrainc.

gyfoeswyr, ac yma y mae'r elfen gellweirus yn nes at yr wyneb. Wedi i Ddafydd ab Edmwnd ganu cywydd yn dychanu ei geilliau â gormodiaith chwerthinllyd o grotésg, atebodd Guto drwy ddychanu cala Dafydd. Enghraifft fwy adnabyddus yw ymryson Guto â Llywelyn ap Gutun, a ysgogwyd gan yr honiad celwydd golau:

> Tristach yw Cymry trostyn',
> Tre' a gwlad, am Uto'r Glyn:
> Boddi wnaeth ar draeth heb drai,
> Mae 'n y nef am na nofiai!

Ateb ffraeth Guto yw mai Llywelyn yw'r un a foddodd, a hynny mewn môr o gwrw, ac mai breuddwyd feddw, felly, oedd sail ei hanes. Y mae'r ffaith fod Llywelyn yn disgrifio Guto fel 'cyff Nadolig' yn ein hatgoffa bod a wnelom â'r un math o ddiddanwch â chonfensiwn y cyff clêr.

Fel y gwelwyd, y mae gennym nifer o englynion o'r cyfnod hwn sy'n perthyn i'r un traddodiad, ac at ei gilydd y mae'r dychan diweddarach yma yn fwy amlwg chwareus na'r hyn a geir yn Llyfr Coch Hergest. Ysgafn, ar y cyfan, yw cywair y cywyddau dychan. Ymddengys yn arwyddocaol mai hen fesur yr englyn a ddewisodd Lewys Glyn Cothi i ddychanu trigolion Caer, ac mai awdlau dychan a ganodd Deio ab Ieuan Du a Thudur Penllyn i ladron a ysbeiliodd eu heiddo, yn yr un llinach â'r awdlau yn melltithio lladron a gofnodwyd yn y Llyfr Coch. Y mae'r berthynas rhwng dychan a'r hen fesurau traddodiadol yn parhau, felly, ond diau mai cyfran fechan o'r canu answyddogol hwn y gwelwyd yn dda i'w ddiogelu yn y llawysgrifau, boed ar fesurau'r englyn, yr awdl neu'r cywydd. Awgryma'r hyn sydd gennym mor amlweddog oedd gweithgarwch y beirdd yng Nghymru'r Oesoedd Canol, ac mor amrywiol oedd y diddanwch a gynigient i'w cynulleidfa ar gyfnod gŵyl.

DARLLEN PELLACH

Huw M. Edwards, *Dafydd ap Gwilym: Influences and Analogues* (Rhydychen, 1996).

Huw M. Edwards (gol.), *Gwaith Madog Dwygraig* (Aberystwyth, 2006).

Huw M. Edwards (gol.), *Gwaith Prydydd Breuan, Rhys ap Dafydd ab Einion, Hywel Ystorm, a Cherddi Dychan Dienw o Lyfr Coch Hergest* (Aberystwyth, 2000).

Dafydd H. Evans, 'Yr Ustus Llwyd a'r Swrcod', yn J. E. Caerwyn Williams (gol.), *Ysgrifau Beirniadol XVII* (Dinbych, 1990).

Dylan Foster Evans, *'Goganwr am Gig Ynyd': The Poet as Satirist in Medieval Wales* (Aberystwyth, 1996).

Jerry Hunter, 'Cyd-destunoli Ymrysonau'r Cywyddwyr: Cipolwg ar "Yr Ysbaddiad Barddol" ', *Dwned*, 3 (1997).

Dafydd Johnston, 'Erotica and Satire in Medieval Welsh Poetry', yn Jan M. Kiolkowski (gol.), *Obscenity: Social Control and Artistic Creation in the European Middle Ages* (Leiden, 1998).

Dafydd Johnston, *Llên yr Uchelwyr: Hanes Beirniadol Llenyddiaeth Gymraeg 1300–1525* (Caerdydd, 2005).

Catherine McKenna, 'Bygwth a Dychan mewn Barddoniaeth Llys Gymraeg', yn Brynley F. Roberts a Morfydd E. Owen (goln.), *Beirdd a Thywysogion* (Caerdydd, 1996).

Howard Meroney, 'Studies in Early Irish Satire', *Journal of Celtic Studies*, 1 (1949–50), 2 (1953–8).

GWEITHWYR A GWAITH YNG NGHYMRU'R OESOEDD CANOL

A. D. Carr

Ni cheffir eithr o'i weithred
Aberth Crist i borthi Cred,
Na bywyd – pam y beiwn? –
Pab nac ymherodr heb hwn
Na brenin, heilwin hoywlyw,
Dien ei bwyll, na dyn byw.

Iolo Goch

Gwelir hanes llafur yn aml fel rhan o hanes y gymdeithas ddiwydiannol fodern. Fe'i cysylltir â hanes y dosbarth gweithiol, dosbarth y gellir ei ddisgrifio fel corff o weithwyr a gyflogir gan eraill ac sy'n dibynnu yn llwyr ar eu llafur i'w gynnal. Y mae aelodau o'r dosbarth hwn yn gweithio dan ddisgyblaeth amser ac yn cael eu talu yn ôl y diwrnod neu'r wythnos. Trefnir llawer o'r gweithgareddau diwydiannol hyn mewn unedau mawr ac y mae'r pwyslais ar y grŵp yn hytrach na'r unigolyn. Pwyslais ar y cyfnod modern a geir yn bennaf yn astudiaethau hanes llafur yng Nghymru, yn enwedig yn sgil y Chwyldro Diwydiannol, ac y mae'n amlwg na ellir anwybyddu effeithiau dyfodiad diwydiant ar raddfa fawr ar ein hanes. Ond y mae'n amlwg hefyd fod rheidrwydd ar ein cyndadau canoloesol i weithio; nid oedd eu cymdeithas hwy yn un hunangynhaliol.

Y mae gan yr hanesydd llafur modern un fantais arbennig, sef cyfoeth o ffynonellau. Y mae gennym wybodaeth helaeth am fudiadau dosbarth gweithiol a hefyd am brotestiadau a streiciau. Gall yr hanesydd droi at bapurau newydd, at gofnodion undebau a mudiadau cyffelyb ac at archifau cyfoethog, ond nid oes cymaint o wybodaeth ar gael mewn dogfennau canoloesol. At ei gilydd y mae'r dogfennau hyn yng Nghymru a Lloegr yn ymwneud â gweinyddu'r gyfraith a chasglu trethi, er bod llawer o gyfrifon sy'n cofnodi talu cyflogau a gwario ar waith hefyd ar gael. Y mae'r ffynonellau am Gymru yn ymddangos yn brin o'u cymharu â'r rhai am Loegr, ond y maent yn bodoli. Gellir dosbarthu'r ffynonellau hyn dan bedwar pennawd. Yn y dosbarth cyntaf ceir stentau ac arolygon, y rhan fwyaf ohonynt yn perthyn i'r cyfnod rhwng 1282 a 1400, ac yn cynnwys Llyfr Du Tyddewi (tiroedd Esgob Tyddewi, 1326), Arolwg Dinbych (1334), Stent Môn a sir Gaernarfon, a ddisgrifir yn aml ond yn anghywir fel y 'Record of Caernarvon' (1352), Arolwg Arglwyddiaeth

Maelor ac Iâl (1391) a Stent Arglwyddiaeth y Waun (1391-3); ceir rhai cynharach hefyd, megis Stentau Môn (1284) a sir Feirionnydd (1285). Pwrpas y dogfennau hyn oedd rhoi'r holl ddaliadau a gwasanaethau a oedd yn ddyledus i'r arglwydd neu'r tywysog ar glawr. Er eu bod yn disgrifio gwasanaethau llafur gorfodol yn weddol fanwl, ni cheir ynddynt lawer o wybodaeth am y gweithwyr fel y cyfryw. Y mae'n debyg mai Arolwg Maelor ac Iâl yw'r gorau ohonynt; cofnodir llawer o alwedigaethau ynddo, gan gynnwys dawnsiwr, dau feudwy, croesan a jyglwr.

Prin yw'r cofnodion trethi. Nid yw cofnodion treth fawr 1292-3 hyd yn oed ar gael am y rhan fwyaf o Gymru, ond y mae rhestrau enwau'r trethdalwyr yn gallu bod yn werthfawr oherwydd yr elfen alwedigaethol a nodir mewn cynifer o enwau personol. Ymhlith yr enwau yn arglwyddiaeth Maesyfed ceir tri chrydd, tri gof, teiliwr a saer, ac yn sir Feirionnydd ceir 29 gwehydd, 26 crydd, 14 saer, 17 gof, wyth meddyg, wyth eurof, ac ar lefel ddiwylliannol uwch, pedwar bardd, chwe chrythor a dau delynor. Ceid ymhlith trethdalwyr Y Fenni flingwr, teiliwr, pobydd, sidanwr, lliwydd, pannwr, bragwr, pedler, crydd, gof, turniwr, melinydd, crochenydd, medelwr, pysgotwr a phorthmon. Ceir llawer o alwedigaethau eraill, yn enwedig mewn trefi, ond y mae'n rhaid bod yn arbennig o ofalus wrth drin a thrafod tystiolaeth enwau personol. Y mae'n bosibl bod rhai eisoes wedi dod yn gyfenwau yn hytrach nag yn enwau disgrifiadol a'u bod yn adlewyrchu galwedigaethau traddodiadol y teulu yn hytrach na gwaith unigolion.

Mewn rhai cyfrifon ceir manylion am waith amaethyddol ynghyd â gwaith adeiladu a chynnal a chadw, er enghraifft ar fanorau Iarll Caerloyw yng nghyffiniau Caerdydd ym 1316. Datgelir llawer o alwedigaethau mewn cyfrifon, yn enwedig yn y maes adeiladu. Ym Mrycheiniog ym 1346-7 cyflogwyd plastrwr am wythnos i weithio ar neuadd castell Aberhonddu a siambr y cwnstabl, a chyflogwyd gwyngalchwr am bythefnos. Ym Maelienydd ym 1357 talwyd dynion am glirio cocynnau tyrchod daear, a Meistr Richard y plymwr am atgyweirio'r plwm ar orthwr castell Cefnllys. Enwir llawer o weithwyr unigol mewn cyfrifon. Y mae'r enwau yn dangos bod pob saer maen a weithiai ar gastell Biwmares ym 1316 yn Sais, ond yr oedd y chwarelwyr a'r dynion cychod yn Gymry. Yn Llŷn ym 1306–7 talwyd Madog y saer a Iorwerth Ddu ei gynorthwywr am wneud hwyliau newydd ar gyfer melin wynt, ac ym 1382–3 talwyd deuswllt i Peter Starkey am ddilyn, dal a difa llygod mawr a fermin eraill yn y castell a'r storws ym Miwmares. Ymddengys galwedigaethau eraill mewn cyfrifon hefyd, megis lladmerydd yn arglwyddiaeth y Waun ym 1334–5.

Gellir darganfod llawer o wybodaeth berthnasol mewn cofnodion llysoedd barn. Ceir cyfresi ardderchog am sir y Fflint o 1283, am arglwyddiaeth Dyffryn Clwyd o 1295 ac am dref Caernarfon rhwng 1361 a 1402, yn ogystal â rhai gwasgaredig o rannau eraill o'r wlad. Y mae'r cofnodion hyn yn cynnwys enwau personol, manylion am droseddau ac achosion o dor-cytundeb. Yng nghofnodion Caernarfon a Rhuthun gwelir y galwedigaethau a fodolai mewn trefi: ymhlith y gweithwyr o Gaernarfon ceir cyfeiriadau at fenigwr, blingwr, cneifiwr (brethyn), eurof, sbeisiwr, gwneuthurwr clociau a gof arfau, ac yn Rhuthun ym 1295–6 at farbwr, golchwraig a saer olwynion, yn ogystal â'r galwedigaethau mwy cyffredin. Ymhlith yr achosion tor-cytundeb ceir hanes am forwyn yn gadael ei lle cyn y dyddiad penodedig (Rhuthun ym 1301 a Chaernarfon ym 1367–8), ac enghraifft o fethu ag adeiladu tŷ ar ôl i'r diffynnydd gael ei dalu ymlaen llaw (Ardudwy ym 1325–6).

Gellir cymryd bodolaeth dosbarth gweithiol yn yr oes fodern yn ganiataol, ond nid oedd y syniad o ddosbarthiadau cymdeithasol yn rhan o feddylfryd ein cyndadau. Seilid y drefn gymdeithasol ar dair gradd, sef y rhai a ymladdai, y rhai a weddïai, a'r rhai a weithiai (i rai diwinyddion, yr oedd y rhaniad triphlyg hwn yn cynrychioli'r Drindod). Ond yn ogystal â'r patrwm hwn ceid rhaniad cymdeithasol arall llawer mwy sylfaenol, sef y rhaniad rhwng gwŷr rhydd a gwŷr caeth. Bodolai'r gŵr caeth (y taeog) yn y rhan fwyaf o gymdeithasau canoloesol. Yr oedd yn byw dan nifer o gyfyngiadau. Dibynnai'n llwyr ar ei arglwydd; yr oedd yn gaeth i'r tir ac ni châi ei adael heb ganiatâd yr arglwydd hwnnw. Gellid gwerthu'r awdurdod drosto ef a'i epil a'r hawl i'w lafur; cofnodir hyn mewn llawer o weithredoedd. Ym 1330, er enghraifft, gwerthwyd pedwar taeog o Laniestyn ym Môn i Gwilym ap Gruffydd ap Tudur am ddecpunt, a phan fu farw Gwilym ym 1376 gadawodd fwy nag ugain taeog yn ei ewyllys.

Ond pwysigrwydd y taeog yn y cyd-destun hwn oedd y gwasanaethau llafur a'r doniau bwyd a oedd yn ddyledus i'w arglwydd. Tarddai gwasanaethau llafur yn wreiddiol o'r angen i drefnu a rheoli gweithlu sylweddol ar rai adegau o'r flwyddyn amaethyddol, yn enwedig ar ystadau mawr lle y ceid mwy o bwyslais ar dyfu cnydau. Yr oedd y gwasanaethau hyn yn faich trymach ar y maerdrefi, sef y trefi hynny – un ohonynt ym mhob cwmwd – lle yr oedd llys yr arglwydd; yn y faerdref ceid y tir bwrdd a ddarparai fwyd i'r arglwydd neu'r tywysog a'i deulu ar eu hymweliadau â'r llys. Yn Rhosyr yng nghwmwd Menai ym Môn ym 1284 yr oedd tenantiaid caeth y faerdref yn cyflawni 240 gwaith ogedu gyda dynion a cheffylau; yr oedd un gwaith yn llafur un dyn am ddiwrnod. Disgwylid i daeogion Rhosyr hefyd berfformio 400 gwaith medi a 72 gwaith cludo (gyda dyn a cheffyl bob tro) adeg y cynhaeaf. Ar fanor y Rhath yng nghyffiniau Caerdydd yn arglwyddiaeth Morgannwg ym 1316 yr oedd y tenantiaid caeth yn atebol am 90 gwaith ogedu, 18 gwaith cludo, 54 gwaith dyrnu, 54 gwaith hofio, 27 gwaith cribo'r gwair a 114 gwaith medi. Ni fyddai cyflogi gweithlu llawn amser wedi talu ei ffordd; byddai'r rhan fwyaf o weithwyr wedi bod yn segur am gyfnodau hir. Ond gallai tenantiaid caeth dreulio gweddill eu hamser yn gweithio ar eu tyddynnod yn cynhyrchu bwyd ar gyfer eu teuluoedd eu hunain a'r hyn a oedd yn ddyledus i'r arglwydd. Ar rai adegau o'r flwyddyn yr oedd y gwasanaethau gorfodol hyd yn oed yn annigonol, yn enwedig yng Nghymru lle'r oedd baich y gwasanaethau hyn yn ysgafn o'i gymharu â'r patrwm yn Lloegr. Byddai'n rhaid cyflogi gweithwyr ychwanegol weithiau; ar fanor Kingswood yn arglwyddiaeth Penfro, er enghraifft, ym 1326–7 bu'n rhaid cyflogi 363 dyn am ddwy geiniog y dydd yr un ar gyfer y cynhaeaf ŷd. Awgryma hyn fod minteioedd cynhaeaf yn symud o'r ucheldir yn yr hydref; ym 1372 cynaeafwyd y cnydau yn arglwyddiaethau Brycheiniog, Bronllys a'r Gelli gan Gymry o'r ucheldir.

Yr oedd y gwasanaethau hyn yn ymwneud â thrin y tir, ond ceid llawer o alwadau eraill ar y tenantiaid caeth, yn enwedig cludo, a chynnal a chadw adeiladau. Yr oedd yn rhaid i denantiaid Esgob Tyddewi yn Llandyfái gludo ŷd, bara a brag i gastell Llawhaden a symud gwin yr esgob i

7 Aradrwyr ac ychen wrth eu gwaith
(Llyfrgell Brydeinig, Llsgr. Ychw. 42130, f. 170).

Dyddewi neu Lawhaden. Tasg arall a roddid i daeogion Tyddewi oedd gwarchod carcharorion a'u hebrwng i'r llys ac, os oedd rhaid, i'r crocbren. Cynhwysai dyletswyddau rhai o denantiaid Dyffryn Clwyd gludo halen yr arglwydd o'r Heledd Ddu (Northwich) ac yr oedd yn rhaid i rai o denantiaid caeth manor y Rhath gynnal a chadw'r morgloddiau. Ymhlith gwasanaethau taeogion Iâl yn arglwyddiaeth Maelor ac Iâl ym 1315 yr oedd gweithio ar adeiladau'r llys yn Llanarmon, ac yng nghwmwd Twrcelyn ym Môn disgwylid i'r tenantiaid caeth weithio ar y neuadd, y siambr, y capel a'r tŷ bach yn llys Penrhosllugwy, yn ogystal ag atgyweirio'r pantri a'r bwtri ar eu cost eu hunain. Ceid gwasanaethau cyffelyb yn arglwyddiaethau Dinbych a'r Waun yng ngogledd-ddwyrain Cymru. Ym Môn ym 1304–5 cosbwyd taeogion y tywysog yng nghwmwd Menai am fethu â chludo meini melin o'r chwarel i felin wynt newydd yn Niwbwrch. Ym 1391 yr oedd y tenantiaid caeth yn arglwyddiaeth y Waun yn gyfrifol am yr holl waith coed ar felin yr arglwydd ac eithrio'r olwyn allanol.

Erbyn diwedd y drydedd ganrif ar ddeg yr oedd talu ag arian parod wedi dechrau disodli llawer o wasanaethau llafur a doniau bwyd; gelwir y proses hwn yn cymudo. Yng Ngwynedd dan y tywysogion yr oedd y proses wedi dechrau cyn y Goncwest Edwardaidd; yr oedd ar y ddau Lywelyn angen symiau sylweddol o arian parod i ariannu eu polisïau ac i weithredu'r amodau a osodwyd yng Nghytundeb Trefaldwyn ym 1267. Mewn llawer o arglwyddiaethau defnyddid yr arian i gyflogi gweithwyr; yr oedd hyn yn llawer mwy hyblyg ac effeithiol i'r arglwydd na dibynnu ar wasanaeth gorfodol anfodlon. Mewn rhai arglwyddiaethau daeth cymudo yn gynnar; yn Y Fenni a'r Deirtref (Grwsmwnt, Ynysgynwraidd a Chastell Gwyn) yng ngogledd Gwent ymddengys fod y rhan fwyaf o waith amaethyddol yn nwylo gweithwyr cyflog mor gynnar â 1256–7; yn Y Fenni cyflogwyd 240 dyn i chwynnu a 627 dyn i fedi. Daw tystiolaeth sylweddol o Forgannwg: yn

8 Darlun o felin wynt mewn llawysgrif yn dyddio o'r bedwaredd ganrif ar
ddeg (Llyfrgell Bodley, Rhydychen, (Llsgr. Bodley 264, f. 81^r).

Llansawel gwerthwyd 76 gwaith cynhaeaf am geiniog yr un
ym 1314, ac yng Nghastell-nedd tua'r un adeg yr oedd
gweithwyr cyflog yn cyflawni'r holl waith.

Hwn oedd y patrwm yn y Mers, yn enwedig ar fanorau.
Cysylltid cymudo â dirywiad ymelwa yn uniongyrchol ar
adnoddau arglwyddiaeth. Un o'r rhesymau pwysicaf am hyn
oedd y ffaith fod cynifer o arglwyddiaethau wedi mynd i
feddiant barwniaid mawr yn Lloegr ac yr oedd llawer o
arglwyddi yn absennol o'u tiroedd yng Nghymru oherwydd
hyn; nid oedd angen gwasanaethau a gosodwyd tir bwrdd yr
arglwydd i denantiaid. Yr oedd arglwyddiaeth wedi colli ei
helfen economaidd ac wedi dod yn ffynhonnell awdurdod
gweinyddol ac incwm. O ail hanner y bedwaredd ganrif ar
ddeg ymlaen canolbwyntiai rhai arglwyddi, yn enwedig ieirll
Arundel, ar ffermio defaid ar raddfa fawr a chynhyrchu
gwlân gan fod hyn yn talu yn well o lawer ac nid oedd angen
gweithlu mawr ar eu cyfer. Yn y tiroedd brenhinol daeth
cymudo yn gyffredin wedi 1282; heb dywysog a oedd yn
teithio o lys i lys nid oedd angen y llysoedd hyn na'r
gwasanaethau a'r doniau bwyd i'w cynnal. Ym maerdref
Cemais ym Môn disodlwyd yr holl wasanaethau a'r doniau
bwyd gan rent blynyddol o £36 7s 7d, ac yn Nefyn disodlwyd
gwasanaethau megis darparu tanwydd, cynnal tanau, medi,
glanhau'r llys, cloddio mawn, cludo meini melin a chynnal a

chadw adeiladau'r llys gan daliadau ariannol. Er bod Stent 1352 yn cofnodi gwasanaethau llafur ar felinau'r tywysog ym Môn ac yn sir Gaernarfon, cyflogid seiri coed i gyflawni'r gwaith. Ni cheid ymelwa yn uniongyrchol ar arglwyddiaeth yn y ddwy dywysogaeth wedi'r Goncwest Edwardaidd; gosodid y cyfan am arian parod. Yn y Mers diflannodd gweinyddu ystadau ar raddfa fawr yn ystod y bedwaredd ganrif ar ddeg.

Amaethyddiaeth oedd y gweithgarwch economaidd sylfaenol; gweithiai'r rhan fwyaf o'r boblogaeth ar y tir. Dibynnai pawb ar gynnyrch y tir, a thir oedd sylfaen cyfoeth a chymdeithas. Cynhwysai trin y tir lawer o dasgau, megis hau, chwynnu, ogedu ac aredig. Ar ôl y cynhaeaf byddai'n rhaid cludo'r ŷd ac wedyn ei stacio, ei ddyrnu a'i wyntyllu. Defnyddid cryman i dorri ŷd a phladur i ladd y gwair. Yn y Rhath ym 1315 cyflogwyd dynion i fedi'r ŷd ac wedyn i'w fydylu yn yr ysgubor; cyflogwyd töwr a'i was am ddeng niwrnod i doi'r teisi. Cafwyd patrwm cyffelyb ar fanor Kingswood ym 1326–7. Yr oedd y rhan fwyaf o'r llafur hwn yn ysbeidiol ac yn ddi-grefft, ond yr oedd angen crefftwyr a gweithwyr arbenigol am gyfnodau hwy neu yn llawn amser, yn enwedig ar fanorau yn yr iseldir. Yr oedd un ar ddeg ohonynt ym Mrynbuga ym 1292, a thri ar ddeg yn Clifford (swydd Henffordd) ym 1305; ym Mronllys ym 1372 yr oedd naw gweithiwr llawn amser a dau rhan amser. Ymhlith y gweithwyr hyn yr oedd aradrwyr, ogedwyr, garddwyr, gyrwyr a hefyd fugeiliaid defaid, gwartheg a moch. Cyflogid gweithwyr ychwanegol ar adegau prysur megis tymor bwrw ŵyn. Derbyniai llawer o'r gweithwyr hyn lety a lwfans beunyddiol o fwyd, gyda swm bach o arian parod yn arian poced. Yn y Rhath ym 1316 cyflogwyd troliwr a thri dyn, bugail, medelwr (rhyw fath o fforman, y mae'n debyg), a phedwar aradrwr; cyflogwyd dau aradrwr ychwanegol yn ystod y tymor hau. Yn Kingswood ym 1327–8 cyflogwyd aradrwr a bugail trwy gydol y flwyddyn; cyflogwyd ogedwr am 31 wythnos yn y gaeaf a bugail ar gyfer yr ŵyn newydd am naw wythnos. Gweithiodd morwyn laeth am 21 wythnos; awgryma cyfrifon y manor fod cneifio'r defaid yn un o gyfrifoldebau'r llaethdy (yr oedd dau dymor cneifio yn ystod y flwyddyn, sef Calan Mai a Gŵyl Fihangel.) Cynhyrchid caws a menyn yn y llaethdy i'w gwerthu. Ymddengys fod manor y Rhath yn cyflogi morwyn laeth hefyd; ym 1316 cynhyrchwyd dros 130 stôn o gaws ar gyfer y farchnad.

Daw'r dystiolaeth orau o'r ddau fanor hyn, ond ceir hefyd lawer o gyfeiriadau eraill. Yr oedd angen crefftwyr megis seiri a gofaint weithiau er mwyn cynnal a chadw offer (yn enwedig erydr) ac i bedoli ceffylau, ond yr oedd y crefftwyr hyn yn hunan-gyflogedig ac yr oedd rhaid galw arnynt pan oedd angen. Ni wyddys llawer am y tenantiaid sylweddol a fyddai wedi cyflogi rhai gweithwyr (er ei bod yn debyg fod llawer ohonynt yn dibynnu ar eu meibion). Dengys cofnodion y llysoedd fod rhai ohonynt yn cyflogi eraill i drin eu tir; yn llys cwmwd Ardudwy yn sir Feirionnydd ym 1326 daethpwyd ag achos yn erbyn dyn am fethu â chyflawni contract i aredig pum acer.

Nid trin y tir a magu anifeiliaid oedd yr unig weithgareddau a gysylltid ag amaethyddiaeth. Rhan arall o'r economi wledig oedd y goedwig a oedd yn gartref i lawer o weithgareddau economaidd, yn enwedig rhai a oedd yn ymwneud â phren, megis gwneud dodrefn neu lestri. Yng Nghastell-nedd ym 1316 derbyniwyd 200 o lestri pren oddi wrth durniwr a oedd yn gweithio yn y goedwig. Llosgid golosg yn y goedwig hefyd; cynhyrchid llawer o olosg yng Ngwent i fwydo gefeiliau haearn Fforest y Ddena. Dibynnai diwydiant haearn Cymru yn llwyr ar olosg. Cynhyrchid lludw mewn coedwigoedd hefyd er mwyn ei werthu i liwyddion. Yn gynnar yn y bedwaredd ganrif ar ddeg honnodd rhai o wŷr sir y Fflint mewn deiseb fod y rhan fwyaf o'u bywoliaeth yn dibynnu ar y goedwig.

Er bod y gymdeithas ganoloesol yng Nghymru yn un gynddiwydiannol, nid oedd y wlad heb ddiwydiannau. Cynhyrchu brethyn oedd y diwydiant pwysicaf. Daeth ffermio defaid ar raddfa fawr yn sgil awydd y Sistersiaid i fanteisio ar y porfeydd helaeth yn yr ucheldir a roddwyd iddynt gan dywysogion Cymreig. Allforid y gwlân yn gyntaf i Fflandrys trwy law marsiandwyr o'r Eidal er mwyn gwneud brethyn, ond yn y bedwaredd ganrif ar ddeg rhoddwyd mwy o bwyslais ar ffermio defaid mewn rhai o arglwyddiaethau'r Mers ac arweiniodd hyn at wneud brethyn yn hytrach nag allforio'r gwlân. Gallai rhai arglwyddi'r Mers fforddio buddsoddi yn y pandai a oedd yn rhan hanfodol o'r proses cynhyrchu brethyn.

Cynhwysai cynhyrchu brethyn nifer o brosesau. Ar ôl cneifio byddai'n rhaid cardio neu gribo'r gwlân ac wedyn ei nyddu; dyma grefft a gyflawnid gan ferched yn y cartref a defnyddid cogail i wneud hyn. Wedi tynnu'r edau eid ag ef at y gwehydd i wneud y brethyn; y mae tystiolaeth enwau personol yn awgrymu bod llawer o wehyddion i'w cael yng Nghymru. Ceir enwau 28 ohonynt yn Môn yn y bedwaredd ganrif ar ddeg a'r bymthegfed ganrif, a 29 ymhlith y trethdalwyr yn sir Feirionnydd ym 1292–3; yr oedd eiddo'r gwehyddion hyn ar gyfartaledd yn werth £5 17s 6c. Mewn achos llys yn sir y Fflint ym 1389–90 cafwyd ymhlith eiddo rhyw wehydd wydd a oedd yn werth deuswllt. Crybwyllwyd enw saith gwehydd yn Wrecsam ym 1391, ac yn nhywysogaeth gogledd Cymru bu'n rhaid i wehyddion ddangos eu gwyddiau yn y llys ar nifer o achlysuron oherwydd gofynion y gyfraith ynghylch maint a safon darnau unigol o frethyn. Merched oedd llawer o'r gwehyddion, ac fel yn achos nyddu, byddent yn gweu yn eu cartrefi.

Ar ôl gwneud y brethyn deuai'r proses technolegol mwyaf cymhleth, sef pannu neu lanhau'r brethyn er mwyn cael gwared â'r saim. Y ffordd gyntefig o wneud hyn oedd cerdded ar y brethyn mewn cafn; defnyddid pridd pannwr neu, yn aml iawn, droeth. Ond un o'r datblygiadau technolegol cynharaf yn y diwydiant brethyn oedd y pandy, sef melin bannu. Gweithiai'r pandy fel melin ddŵr gyffredin; defnyddid grym dŵr i droi olwyn. Âi'r grym o'r olwyn i forthwylion a gurai'r brethyn yn y cafn. Ceid y pandai cyntaf ym Morgannwg a Gwent, canolfannau cyntaf cynhyrchu brethyn, ond yn ystod y bedwaredd ganrif ar ddeg symudodd y diwydiant i'r gogledd-ddwyrain lle y daeth Rhuthun yn ganolfan iddo. Yr oedd crefft y pannwr yn un deuluol yn aml. Yn y 1340au yr oedd dau bannwr, Cynwrig ac Einion, yn feibion i bannwr, ac yr oedd tri mab Cynwrig a'i wŷr yn banwyr hefyd. Yn Nyffryn Clwyd gosodid rhai pandai i'r panwyr eu hunain; felly, gallai'r crefftwyr hyn fod yn gyflogwyr neu yn weithwyr cyflogedig.

Gellid lliwio'r brethyn cyn neu ar ôl ei bannu. Ceir cyfeiriad at liwydd yn Nyffryn Clwyd ym 1345 yn gwerthu banadl aur i wneud lliw gwyrdd; defnyddid lliwiau glas, coch a lliw fioled hefyd gan liwyddion Rhuthun, er eu bod yn gwerthu cryn dipyn o frethyn heb ei liwio. Yr oedd lliwio a phannu yn grefftau ar wahân fel rheol, ond gallai gwelleifwyr fod yn banwyr hefyd; tasg y gwelleifiwr oedd tocio ceden y brethyn. Hwn oedd prif ddiwydiant Cymru, er nad oedd ar yr un raddfa â diwydiant brethyn y Cotswolds neu siroedd dwyreiniol Lloegr. Gwerthid y brethyn gorffenedig i frethynwyr mewn trefi fel Croesoswallt ac Amwythig, a daeth y brethynwyr hyn i gyflogi gwehyddion a'u talu am y brethynnau unigol; dyma darddiad *piece work*, y term Saesneg am waith ar dasg. Cosbwyd 24 o wehyddion Dyffryn Clwyd ym 1351–2 a 36 ohonynt yn y 1390au am godi gormod am waith ar dasg.

Diwydiant arall o bwys oedd gweithio metel. Toddid plwm yn y coedwigoedd lle'r oedd golosg ar gael. Toddid haearn hefyd mewn rhai ardaloedd gwledig; ceid gefeiliau yn Ardudwy ac ym Mhenmachno a Dolbenmaen yn sir Gaernarfon ym mlynyddoedd olaf y bedwaredd ganrif ar ddeg. Talai gofaint yn Nhrelech yng Ngwent am drwydded flynyddol i weithio ym 1316, a thua diwedd y ganrif gosodwyd y gwaith o saernïo gefeiliau gogledd Cymru i John Lyle, gweithiwr haearn profiadol. Awgryma'r cofnodion fod rhai datblygiadau technegol, megis defnyddio megin i godi digon o wres i doddi'r metel, ar gerdded. Ardal Wrecsam, y mae'n debyg, oedd y brif ganolfan gweithio metel yng Nghymru. Yn y bedwaredd ganrif ar ddeg gelwid cymuned o ofaint a gweithwyr haearn ym Morton ger Rhiwabon yn Fabrorum. Yr oedd Wrecsam ei hun yn enwog am gynhyrchu bwclerau, sef tarianau bach crwn a fu'n destun llawer o gywyddau gofyn. Yr oedd Ieuan ap Deicws o Riwabon yn of ac yn wneuthurwr bwclerau enwog yn niwedd y bymthegfed ganrif, a chanodd Tudur Aled ei farwnad. Ymddengys nad oedd hwn yn ddiwydiant ar raddfa fawr; yr oedd rhywun fel Ieuan ap Deicws yn feistr ar ei grefft a byddai wedi cyflogi prentis neu ddau ac efallai un neu ddau o weithwyr eraill.

Cysylltwyd un math o waith diwydiannol â Chymru trwy gydol ei hanes, sef cloddio. Ymddengys fod cloddio am lo a metelau wedi cyflogi nifer sylweddol o weithwyr. Cloddid am haearn ger Castell-nedd o'r drydedd ganrif ar ddeg ymlaen; yr oedd llawer o weithwyr haearn wedi gadael ym 1315 oherwydd gwrthryfel Llywelyn Bren. Cafodd mynaich Margam ganiatâd i gloddio am haearn a phlwm ar diroedd ger Cynffig ym 1253, ac ym 1319 gofynnodd arglwydd Morgannwg i'r brenin drosglwyddo deuddeg mwynwr haearn o Fforest y Ddena i'w arglwyddiaeth ef. Ceid pyllau haearn ym Mlaenafon a Glynebwy yn arglwyddiaeth Y Fenni ym 1325, ac ym Muellt ym 1334 talai gweithwyr haearn bedair ceiniog yr wythnos yr un am drwydded i gloddio. Yn y gogledd-ddwyrain ceir cyfeiriad yn Llyfr Domesday (1086) at byllau haearn ger Rhuddlan. Yn y bedwaredd ganrif ar ddeg cloddid am haearn yn Ewlo ac yn ardal yr Hob, ac ym 1379 cafodd Hugh Sharpe grant i ddatblygu pyllau haearn yn sir y Fflint. Ond ni cheir unrhyw wybodaeth am y mwynwyr haearn eu hunain nac am eu technegau.

9 Pyllau glo canoloesol yn swydd Amwythig
(J. K. St Joseph, Casgliad Prifysgol Caer-grawnt).

Gwyddom lawer mwy am gloddio am blwm. Ceid pyllau mewn llawer rhan o Gymru, yn enwedig yng Ngheredigion ac yn y gogledd-ddwyrain. Ym 1304–5 gosodwyd pwll plwm ger Llanbadarn Fawr i'r mwynwyr eu hunain am rent blynyddol o un rhan o naw o'r cynnyrch ac yr oedd gan y tywysog yr hawl i ragbrynu'r gweddill. Gweithwyr annibynnol hunangyflogedig oedd y mwynwyr plwm; yr oedd llawer ohonynt yn byw yn y gogledd-ddwyrain ac yn gweithio mewn cymunedau hunanlywodraethol yn Nhreffynnon a'r Mwynglawdd. Yr oeddynt yn byw yn y cymunedau hyn dan eu cyfreithiau a'u harferion eu hunain. Talai mwynwyr Treffynnon ugain swllt y flwyddyn am eu breintiau ac yr oedd gan gymuned y Mwynglawdd ei llysoedd, ei beili a'i chrwner ei hun. Yr oedd y pyllau dan reolaeth *barmaster* a'u harchwiliai bob dydd. O blith mwynwyr Ardal y Peak yn swydd Derby y tarddai eu cyfreithiau a'u harferion, a cheid cyfreithiau cyffelyb yng nghymunedau mwynwyr plwm eraill. Gan fod llawer o'r cymunedau hyn mewn lleoedd anghysbell yr oedd yn rhaid iddynt fod yn hunangynhaliol. Ceid pyllau plwm brenhinol yn sir y Fflint yn ogystal â'r gymuned yn Nhreffynnon; ym 1347–8 ni allai'r siryf roi cyfrif am unrhyw incwm o'r pyllau hyn am fod y rhan fwyaf o'r mwynwyr wedi marw a'r gweddill yn gwrthod gweithio. Yr oedd hyn cyn dyfodiad y Pla Du ac felly y mae'n bosibl fod rhyw ddamwain wedi digwydd. Wedi'r cyfan, yr oedd cloddio plwm yn waith hynod o beryglus ac afiach.

Gwaith rhan amser oedd cloddio yn y Mwynglawdd gan fod y mwynwyr hefyd yn ffermwyr ac yr oedd eu gwaith yn dymhorol; y mae'n bosibl y byddent yn cloddio rhwng misoedd Ebrill ac Awst. Nid oedd y technegau yn rhai soffistigedig iawn; yr oedd y pyllau cynharaf ar ffurf brigiadau o rhwng pump a saith metr. Codid y mwyn mewn bwcedi â wins, a defnyddiai'r mwynwyr geibiau, trosolion a morthwylion. Toddid y mwyn mewn ffwrneisi bach carreg a deuai'r chwyth o'r gwynt; melid y mwyn â gordd haearn cyn ei doddi. Ceid pyllau plwm eraill yn Eryrys ym Maelor ac Iâl, ac yn Helygain, Y Faenol a Diserth yn sir y Fflint. Ym 1358 adeiladodd mwynwyr Y Faenol ddyfrbont ac ym 1383 ceisiodd rheithor Helygain ddegymu plwm.

Plwm oedd y metel pwysicaf yng Nghymru yn yr Oesoedd Canol, ond cloddid llawer o lo hefyd. Cloddiai mynaich Margam am lo ym 1250 a cheid cloddio ym Mostyn ar lannau Dyfrdwy ym 1294 a hefyd yn arglwyddiaethau Gŵyr a Phenfro; ceir cyfeiriad at bwll drifft yng nghoedwig Coetrath ym Mhenfro ym 1330–1. Ond unwaith eto daw'r dystiolaeth bennaf o'r gogledd-ddwyrain, yn enwedig o Ewlo a Bwcle. Ym 1349–50 gosodwyd yr hawl i gloddio glo ar dir bwrdd manor Ewlo i Bleddyn ab Ithel Anwyl, ac ym 1346 gwasgwyd dyn o'r enw Bleddyn i farwolaeth drwy ddamwain mewn pwll glo yng Nghelstryn ar lannau Dyfrdwy. Efallai fod hwn yn un o'r cyfeiriadau cynharaf at ddamwain angeuol mewn pwll glo ym Mhrydain ac awgryma hynny fod pyllau eisoes yn weddol ddwfn. Daw tystiolaeth hefyd o Gilfái yng Ngŵyr ym 1399–1400 lle yr oedd yr arglwydd ei hun yn ymelwa ar y glo, a chofnodir taliadau i dri chloddiwr am godi 161 *last* (tua dwy dunnell) o lo. Gwariwyd tair punt ar agor pwll newydd a chyflogwyd dyn i warchod y pyllau ac i wagio dŵr ohonynt. Daw'r cyfeiriad cyntaf at gloddio am lo ym Môn o Falltraeth ym 1441–2. Nid oedd y technegau yn rhai soffistigedig iawn ac ymddengys mai gweithgarwch tymhorol ydoedd.

Gwyddys mwy am weithwyr adeiladu nag am unrhyw grŵp arall o weithwyr yng Nghymru'r Oesoedd Canol; cyflogid llawer ohonynt ar weithiau cyhoeddus ac felly cofnodir eu henwau a'u cyflogau mewn cyfrifon swyddogol. Pendefigion y gweithwyr adeiladu oedd y seiri maen a weithiai ar yr adeiladau pwysicaf; gwyddom fod y crefftwyr hyn wedi gweithio yng Nghymru ar gestyll tywysogion Cymru ac ar abatai Sistersaidd, ond ni wyddom o ble y daethant. Ni wyddom ychwaith faint o Gymry a oedd yn eu plith; gweithwyr teithiol oedd y seiri maen a symudai o safle i safle. Seiri rhyddion (yn ystyr wreiddiol y term) oedd y rhai mwyaf medrus a gyflawnai'r gwaith manwl; byddai'r seiri maen geirwon yn naddu ac yn siapio'r cerrig o'r chwareli yn barod ar eu cyfer. Codi cestyll Edward I oedd y gwaith adeiladu mwyaf a wnaed yng Nghymru yn yr Oesoedd Canol, ond yr oedd y rhan fwyaf o grefftwyr a ddaeth o Loegr yn llafur gorfodol. Bu'n rhaid i bob sir ddarparu cwota o seiri maen a seiri coed. Pan ddechreuodd y gwaith daeth pymtheg saer maen o Wlad yr Haf a swydd Dorset, er enghraifft, ac ugain o swydd Lincoln. Arhosodd rhai ohonynt yng ngogledd Cymru; yr oedd teulu Helpston, a hanai o swydd Northampton, yn ben-seiri maen yn swydd Gaer ac wedyn yn fwrdeisiaid yn Rhuthun, Caernarfon a Biwmares. Saeson oedd y rhan fwyaf o'r seiri maen a weithiai yng ngogledd Cymru; dim ond pump neu ddeg y cant o'r rhai a weithiai yng Nghaernarfon a Biwmares yn hanner cyntaf y bedwaredd ganrif oedd yn Gymry. Ym Miwmares ym 1319–20 câi'r seiri maen ugain diwrnod o wyliau, gan gynnwys tymhorau'r Pasg, y Sulgwyn a'r Nadolig, ynghyd â nifer o wyliau eglwysig eraill. Cynhwysai'r diwrnod gwaith seibiant canol dydd hefyd.

Y saer coed oedd y gweithiwr adeiladu allweddol arall, a dynion lleol oedd y crefftwyr hyn fel rheol. Symudid cymaint o goed â phosibl o'r goedwig ar ddŵr; pan weithiai seiri yng nghoed Llanrwst ym 1330 yn paratoi coed ar gyfer gwaith ym Miwmares, cludid y coed i Drefriw a'i lwytho ar long yno. Weithiau anfonid coed i Drefriw ar wyneb dŵr afon Conwy a gwnaethpwyd yr un peth ar afon Dyfrdwy wrth anfon coed i Gaer. Pan godwyd melin wynt newydd yn Niwbwrch ym 1305 daethpwyd â'r coed mewn llong o Lŷn i Abermenai, ac ym 1395–6 daethpwyd â choed o swydd Gaer ar gyfer melinau brenhinol ym Môn a sir Gaernarfon. Ceir cyfrifon manwl am y gwaith o adeiladu llysoedd yn Nefyn a Phwllheli ym 1306–7. Rhoddwyd toeau gwellt ar yr ysgubor, y neuadd a'r siambr, codwyd wal rhwng y neuadd a'r siambr, a

10 Seiri coed *c*.1430 gyda'u hoffer amrywiol
(Llyfrgell Brydeinig, Llsgr. Ychw. 18850 (Bedford Hours).

gwnaethpwyd teils pren i doi'r oruwchystafell yn Nefyn;
gwnaethpwyd y rhan fwyaf o'r gwaith hwn gan saer. Yr oedd
seiri coed hefyd yn gyfrifol am gynnal a chadw melinau
brenhinol a chofnodwyd taliadau rheolaidd i rai, megis Madog
ab Ithel yng Nghemais ym 1333–4, a weithiai ar y melinau
hyn ym Môn. Gan fod y rhan fwyaf o adeiladau yn rhai pren, y
saer coed oedd yn gyfrifol amdanynt. Ond yr oedd angen
gweithwyr eraill hefyd; gofalai töwr am doeau gwellt a
phlymwr am y toeau plwm. Defnyddid llechi ar gyfer rhai

toeau; ym 1312–3 prynwyd mil o llechi i doi tŷ ym Miwmares
a thalwyd crefftwr i wneud y gwaith. Prynwyd 21,000 o lechi
yn Ogwen ym 1357–8 ar gyfer to stabl fawr yng nghastell
Caer; yr oedd gan rai tenantiaid y Penrhyn chwareli bach a
thalai rhai ohonynt eu rhent mewn llechi. Llechi hefyd oedd y
llwyth a gafwyd ar long a ddrylliwyd ac a ddarganfuwyd ym
Mhwllfanogl ar y Fenai yn y bymthegfed ganrif.

Nid oedd cymunedau canoloesol yn hollol hunangynhaliol;
ni allai rhywun-rhywun fod yn of ac yr oedd rhai arbenigwyr
yn gwbl anhepgor. Yr oedd angen sgiliau'r crefftwr, sef
gweithiwr hunangyflogedig a ddarparai wasanaethau na allai'r
rhan fwyaf o bobl eu darparu eu hunain. Y saer coed, y gof a'r
crydd oedd y crefftwyr mwyaf cyffredin. Gan fod cymaint o
bethau wedi eu gwneud o bren, gallai'r saer fod yn adeiladydd,
yn ddyn cynnal a chadw ac weithiau yn saer llongau neu yn
saer melinau. Nid yw offer y saer wedi newid ar hyd y
canrifoedd. Rhestrir yng Nghyfraith Hywel werth llawer
ohono, megis bwyall, dril, taradr, neddyf, wimblad, plaen, llif
a morthwyl. Gellir gweld peth o'r offer hwn mewn cist saer
heddiw. Yr oedd y gof yr un mor bwysig; byddai'n rhaid mynd
â'r gwaith i'w efail ac yno y byddai'n cynnal a chadw offer
crefftwyr eraill. Nid yw technoleg gwaith y gof wedi newid
llawer ychwaith; y mae'r offer a restrir yng Nghyfraith Hywel
yn cynnwys einion, megin, gwasg, rhathell, ffeil a gordd, sef
offer sydd i'w gweld mewn efail o hyd. Cynhwysai tasgau'r gof
bedoli ceffylau a hefyd rai sgiliau milfeddygol elfennol.
Gweithiai'r crydd gyda lledr; gwnâi esgidiau (ni fyddai
esgidiau canoloesol yn para'n hir iawn), a harneisiau ar gyfer
ceffylau. Gwyddys am fodolaeth llawer o grefftau eraill yng
Nghymru yn yr Oesoedd Canol a dengys hyn fod llawer iawn
o arbenigwyr yn bodoli yn y wlad. Yn sicr, nid oedd ei
heconomi yn un ymgynhaliol cyntefig. Cysylltid rhai
galwedigaethau â lleoedd arbennig; yr oedd Bwcle yn sir y
Fflint, er enghraifft, yn ganolfan gwneud llestri pridd, a cheir
cyfeiriadau at nifer o grochenwyr yn gweithio yno.

11 Portread o'r gof (gwaelod y llun) wrth ei waith yn LlGC Llsgr.
Peniarth 28, f. 11ʳ.

Byddai rhan sylweddol o'r gweithlu ar bob lefel o'r gymdeithas yn cyflawni gwasanaeth mewn cartrefi. Yr oedd y rhestr o swyddogion llys y brenin a geid yng Nghyfraith Hywel yn hen ffasiwn erbyn y drydedd ganrif ar ddeg, ond ceir dogfen sy'n rhestru swyddogion Esgob Llanelwy ym 1311, ynghyd â'u dyletswyddau. Yr oedd gan yr esgob o leiaf ddeuddeg yswain, rhysyfwr (y prif swyddog ariannol), cogydd, gwas ystafell, bwtler a thelynor a'i ddisgybl, yn ogystal â nifer o swyddogion eraill. Dyma'r unig ddogfen o'r fath yng Nghymru'r Oesoedd Canol ac y mae'n adlewyrchu ffordd gyffredin o fyw ymhlith pendefigion Ewrop gyfoes. Eto i gyd, y mae'r dystiolaeth am weision a morwynion yn gamarweiniol am fod cymaint ohoni i'w chael mewn cofnodion llysoedd barn sy'n ymwneud â materion fel tor-cytundeb a throsedd; nid yw'r cofnodion hyn yn gallu ateb ein cwestiynau am natur eu gwaith nac am y nifer o weision a morwynion a gyflogid. Ymhlith yr enghreifftiau o dor-cytundeb ceir achos rhwng Roger de Chalkeley ac America de Pecham yn Rhuthun ym 1301; er bod America wedi cytuno i weithio i Roger o Ŵyl Ifan hyd Nadolig 1298, yr oedd hi wedi gadael ar Ŵyl Fihangel. Yng Nghaernarfon ym 1367–8 daeth Lawrence de Wynston ag achos yn erbyn Ieuan Coythlin; yr oedd Ieuan wedi cytuno i wasanaethu Lawrence fel aradrwr rhwng Gŵyl Fihangel 1365 a Chalan Mai 1366, ond yr oedd yntau hefyd wedi gadael yn fuan ar ôl Gŵyl Fihangel. Ceir nifer o enghreifftiau o ymosodiadau ar weision a morwynion. Yng Nghaernarfon ym 1371 cosbwyd John de Stanmere am ymosod ar ei forwyn Generys a thynnu gwaed, a chosbwyd hithau am ymosod ar Margaret de Stanmere (ei wraig, y mae'n debyg). Yn yr un dref ym 1378 daeth William le Barbour ag achos aflwyddiannus yn erbyn Ieuan Stuagh a'i wraig Christina; honnodd William fod Christina wedi dod i'w dŷ ac ymosod ar ei merch Agnes a oedd yn forwyn iddo. Gwaetha'r modd, ni cheir rhagor o wybodaeth am yr achos diddorol hwn sy'n dangos bod bwrdeisiaid Seisnig yn cyflogi gweision a morwynion Cymreig. Codai rhai gweision yn y byd; yr oedd Ieuan Fain yn was ym 1378, ond erbyn 1397 yr oedd ganddo ei forwyn ei hun. Yn sir y Fflint ym 1445–6 ceir cyfeiriad at Gwerfyl Lucy, merch a ddisgrifiwyd fel morwyn a gordderch John Lucy, mynach o Ystrad Marchell; y mae'n anodd dychmygu'r fath beth.

Ni cheid llawer o ddiwydiant yn nhrefi Cymru ac eithrio, efallai, yn Wrecsam a Rhuthun; yr oedd y rhan fwyaf ohonynt yn farchnadoedd ac yn ganolfannau masnach a gwasanaethau. Erbyn 1482 ceid nifer o urddau crefft yng Nghaerdydd; cawsai Urdd y Cryddion a Menigwyr yno siarter gan Edward II ym 1324. Yr oedd gan Aberhonddu urddau ar gyfer gwehyddion, panwyr, teilwriaid, cryddion a menigwyr, ac yn Rhuthun sefydlwyd urdd ar gyfer gwehyddion ym 1447 ac urdd ar gyfer cryddion ym 1496. Cysylltid rhai galwedigaethau, megis teilwriaid, cryddion, pobyddion a chogyddion, â siopau; gellir cymharu siop cogydd yn yr Oesoedd Canol â thy bwyta neu siop prydau parod heddiw. Yr oedd cryn fragu a gwerthu cwrw yn digwydd mewn cartrefi, ond yr oedd tafarnau yn gyffredin iawn mewn trefi ac y mae'n bosibl fod rhai bragwyr yn cynhyrchu ar raddfa fawr. Yn aml iawn yr oedd tafarnau a siopau ym meddiant bwrdeisiaid blaenllaw ac yng Nghaernarfon ym 1365 cosbwyd rhai tafarnwyr am werthu eu cwrw eu hunain wrth ochr cwrw eu cyflogwyr. Ym 1365 gwaharddwyd William le Cook rhag bragu oherwydd ei fod wedi defnyddio mesurau ffug ac wedi codi gormod am ei gwrw.

Er bod gwragedd canoloesol yn amlwg yn gweithio, ni wyddom fwy na hynny fel rheol. Yr oedd y wraig ganoloesol yn fwy na darn o eiddo gorthrymedig ei gŵr; etifeddai gwragedd gweddw mewn trefi fusnesau eu gwŷr a gweithiai gwragedd ar y tir wrth eu hymyl. Yr oedd y wraig yn gyfrifol am reoli'r cartref a magu'r plant, a chyfrannai yn aml at incwm y teulu hefyd. Dengys y dystiolaeth o Gymru, er ei bod yn weddol brin, nad oedd rhan gwragedd yn yr economi yn wahanol i'r hyn ydoedd yng ngweddill Ewrop. Seilid yr economi ar dir a gwaith amaethyddol ac y mae treth 1292–3 a ffynonellau eraill yn dangos bod gan wragedd anifeiliaid a chnydau. Yr oedd gan Gwenllian ferch Adda o Aberffraw ych, caseg, dwy fuwch a blawd ceirch, ac yr oedd gan Tangwystl, gwraig Dafydd ab Adda o Nefyn, ddau ych, ceffyl, pum ceffyl gwaith, blawd ceirch a haidd a gwenith. Nid oedd Gwenllian na Thangwystl yn dlawd, ond yr oedd eraill, fel Gwenllian Ddu o Nefyn, a oedd yn berchen dwy fuwch, yn byw o'r fawd i'r genau. Ar y llaw arall, yr oedd gan Angharad ferch Adda a'i meibion ym Modfel yn Llŷn 42 ych, 48 buwch, chwe cheffyl, deuddeg ceffyl gwaith a stoc sylweddol o flawd ceirch a gwenith. Ni wyddom a oedd Angharad yn gweithio ei thir ei hun neu beidio, ond y mae'n debyg ei bod hi a'i meibion yn cyflogi rhai gweithwyr. Gwnâi merched yn Lloegr yr un gwaith â dynion, megis gyrru ychen ac aredig, ac ymddengys eu bod yn gwneud yr un peth yng Nghymru. Y mae'n amlwg fod gan rai gwragedd eu tir eu hunain; enwir 17 ohonynt yn rhestr rhenti ystad y Penrhyn ym Môn ym 1413, a cheir tystiolaeth gyffelyb mewn gweithredoedd hefyd.

Cynhwysai gwaith amaethyddol y gwragedd chwynnu a gwyntyllu; yr oedd y llaethdy yn faes i'r ferch, yn ogystal â chribo gwlân a nyddu. Yr oedd rhai gwragedd yn wehyddion yn arglwyddiaeth Maelienydd ac yn yr Hob a Hanmer yn sir y Fflint ym 1292–3, a hefyd yn Wrecsam ym 1391, ac yr oedd dynion a merched yn bobyddion ac yn fragwyr. Cosbwyd gwragedd yng Nghaernarfon ym 1377 a 1396 oherwydd bod eu torthau yn llai na'r pwysau cywir, a chosbwyd rhai eraill am ddiffyg safon eu cwrw ac am werthu cwrw heb drwydded. Ymddengys hefyd fod rhan sylweddol o fasnach adwerthol ar raddfa fach yn nwylo gwragedd. Yn Ardudwy ym 1325 cosbwyd Gwenllian ferch Einion Ddu am werthu menyn a chaws y tu allan i'r farchnad, a cheir enghreifftiau eraill o Gaernarfon lle y cosbwyd gwragedd am werthu bara a brethyn. Y mae'n

12 Pobyddion yn paratoi torthau bychain neu *manchets* (Llyfrgell Bodley, Rhydychen, Llsgr. Canon. Lit. 99, f. 16^r).

weddol sicr fod llawer o wragedd eraill yn masnachu yn gyfreithlon ac yn cymryd rhan bwysig yn y marchnadoedd, ac y mae'r nifer o ferched a ddaeth ag achosion dyled o flaen y llysoedd yn adlewyrchu gweithgareddau economaidd annibynnol. Gwyddom am ddau achos o usuriaeth o Fôn ym 1320; yr oedd benthyca arian yn bwysig mewn cymunedau gwledig ym mhob rhan o'r byd ac y mae'r ffaith fod gwragedd Cymru yn gallu gwneud hyn yn bur arwyddocaol.

Yr oedd rhai dyletswyddau nad oedd neb ond merched yn gallu eu cyflawni, sef fel mamaeth; un enghraifft o hyn oedd Gwerfyl Mamaeth ym Mhenmynydd, Môn, ym 1413. Ar y llaw arall, gwyddom am wragedd a gyflawnai waith a neilltuid fel arfer i ddynion, megis Alicia, crwynwraig ym Maelienydd ym 1292–3, ac Agnes de Bonville, gweddw cwnstabl castell Harlech yn y 1280au a lanwodd swydd ei gŵr am dair blynedd. Yr oedd rhai galwedigaethau yn llai parchus; mewn llys barn gellid datgan bod merch yn butain gyffredin. Gwyddom am bum putain o sir Feirionnydd ym 1325 ac un o Fôn ym 1346, yn ogystal â thair arall yn Wrecsam ym 1336. Yn Wrecsam hefyd ym 1391 cadwai Moethus ferch Iorwerth y Deis lety llwm lle y chwareid deis, cardiau a gêmau eraill.

Nod pob gweithiwr oedd gwneud digon o waith i'w gynnal a dim mwy na hynny; yr oedd yn well ganddo gael ei gyflogi fesul diwrnod, ond yr oedd yn well gan gyflogwyr gytundebau tymor hir y gellid eu gorfodi yn y llysoedd. Gellir gweld agwedd fwy annibynnol ymhlith gweithwyr wedi'r Pla Du a'r prinder llafur a ddaeth yn ei sgil; cwynodd y bardd Seisnig John Gower yn arw am hyn. Yng Nghaernarfon ym 1368 galwyd Dafydd ap Hanner Hwch o flaen ei well am fynnu cael ei gyflogi fesul diwrnod neu wythnos, a daethpwyd ag achosion yn erbyn llawer o weithwyr am dor-cytundeb. Yn y Mers rheolid llafur a chyflogau gan yr arglwyddi, hyd yn oed cyn dyfodiad y Pla Du; ar ôl y Pla manteisiodd llawer o weithwyr ar brinder llafur, gan symud er mwyn gwella eu byd. Oherwydd hyn gwnaethpwyd cytundebau yn y 1350au rhwng y tywysog a rhai arglwyddi i estraddodi taeogion ar ffo a llafurwyr a oedd wedi manteisio ar y Pla, yn ogystal â drwgweithredwyr. Ceir llawer o achosion yn arglwyddiaeth Dyffryn Clwyd o denantiaid yn cael eu llusgo o flaen y llysoedd am adael yr arglwyddiaeth heb ganiatâd, a gwyddom hefyd am achosion cyffelyb ym Maelor ac Iâl a'r Waun.

Arian, sef cyflogau a phrisiau, oedd yr agwedd bwysicaf ar ddisgyblaeth llafur. Yng Nghymru, fel yn Lloegr, cafwyd sawl cais i reoli cyflogau wedi'r Goncwest Edwardaidd a cheir cyfeiriadau at rai statudau lleol i'r perwyl hwnnw. Daethpwyd ag achos yn erbyn gŵr dienw o arglwyddiaeth Dyffryn Clwyd ym 1307 am gymryd cyflog gormodol yn groes i'r statud, a chosbid gwehyddion yn aml am godi gormod am eu gwaith. Wedi'r Pla yr oedd cyflogwyr yn ddigon bodlon talu cyflogau uwch, ond nid oedd hyn yn dderbyniol i'r awdurdodau. Nod Statud y Llafurwyr ym 1351 oedd rheoli cyflogau wedi'r Pla a'u cadw ar y lefel yr oeddynt ym 1346–7. Ymddengys fod y Statud wedi ei hymestyn i Gymru; pan benodwyd Cynwrig ap Roppert yn siryf sir y Fflint ym 1360 fe'i penodwyd hefyd i ymchwilio i'r tocio a wnaed gan Statud Edward III, statud a oedd yn rheoli cyflogau crefftwyr a llafurwyr. Ceir nifer o achosion yng Nghymru. Er enghraifft, ym Môn ym 1355 cyhuddwyd tri pherson am godi mwy am eu llafur nag a ganiateid gan y statud a chosbwyd pedwar dyn yn sir y Fflint ym 1352 am godi gormod am eu llafur. Dair blynedd yn ddiweddarach cosbwyd 68 gwehydd a chigydd o'r un sir am yr un drosedd, ac yng Nghaernarfon ym 1365 cosbwyd dau grydd am godi gormod am eu hesgidiau. Yn arglwyddiaeth Dyffryn Clwyd dirwywyd teilwriaid, cryddion a llafurwyr am godi gormod, ac ym 1373 dirwywyd 217 o ddynion yno am ofyn am ormod o gyflog.

Ond methiant llwyr fu pob ymgais i reoli cyflogau wedi'r Pla; yr oedd cyflogwyr bellach yn fodlon cwrdd â gofynion y farchnad. Cosbid llawer am geisio gormod o gyflog, ond ni chosbid neb am ei dalu. Ceir elfen gref o reolaeth gymdeithasol yn yr ymdrechion i reoli cyflogau; ofnai llawer y byddai prinder llafur yn cael effaith ddrwg ar y gweithwyr trwy eu hannog i fynd dros ben llestri. Ond daeth gweithio am gyflog â rhyddid yn ei sgil; tanlinellwyd hawl y gweithiwr i werthu ei lafur ac ystyrid hyn yn fygythiad i adeiledd y gymdeithas. Yr oedd Dafydd ap Hanner Hwch, er enghraifft, yn cynrychioli meddylfryd newydd; gweithiai ef fel y mynnai, ac wrth wneud hyn enillai fwy o arian. Ond, er gwaethaf prinder llafur wedi'r Pla, arweiniodd ffactorau eraill at ddiweithdra. Yr oedd rheolaeth yn bosibl cyn y Pla oherwydd bodolaeth cronfa fawr o lafur ysbeidiol. Er bod y boblogaeth a'r gweithlu yn llai wedi'r Pla, gyrrwyd llawer o'r tir am resymau economaidd ac o ganlyniad cynyddodd y dosbarth o lafurwyr heb dir. Yr oedd gan y taeog ei ddyddyn, ond nid oedd gan y llafurwr ddim ond ei lafur.

Er nad yw'r wybodaeth am Gymru ynghylch cyflogau mor gyfoethog â'r hyn sydd ar gael am Loegr, y mae rhywfaint gennym. Ond nid oes digon o dystiolaeth i lunio unrhyw fath o fynegai cyflogau neu gostau byw. Oherwydd y cyfoeth archifau lleol a manorol sydd wedi goroesi yn Lloegr gellir cymharu cyflogau dros gyfnodau hir, ond y mae'n rhaid i unrhyw drafodaeth am Gymru ddibynnu ar gyfresi o gipluniau. Dengys y ffigurau sydd ar gael nad oedd cyflogau am waith fesul diwrnod yng Nghymru yn wahanol iawn i gyflogau cyffelyb yn Lloegr, ond y mae rhan sylweddol o'r wybodaeth berthnasol i Gymru yn ymwneud â gwaith ar dasg. Yr unig ffaith bendant am gyflogau yng Nghymru oedd eu bod yn amrywio.

Faint o sylw a roddwyd i waith a gweithwyr yn llenyddiaeth Gymraeg y cyfnod? Gellir cymharu tynged y gweithwyr canoloesol â gweision a morwynion Oes Fictoria – y maent yn anweledig ac yn ddistaw. Ond y mae un gerdd sy'n haeddu sylw arbennig, sef cywydd Iolo Goch i'r

Llafurwr. Dyma'r unig gerdd ganoloesol o Gymru sy'n canmol y gweithiwr. Yn ôl y bardd, yr oedd gan y llafurwr syml di-nod fwy o obaith o gael ei achub na dynion mawr y byd. Er nad oedd ganddo'r diddordeb lleiaf mewn rhyfel nac arian, yr oedd yr holl fyd yn dibynnu arno:

Ni cheffir eithr o'i weithred
Aberth Crist i borthi Cred,
Na bywyd – pam y beiwn? –
Pab nac ymherodr heb hwn
Na brenin, heilwin hoywlyw,
Dien ei bwyll, na dyn byw.

Gellir darllen y gerdd hon fel rhyw fath o sylw cymdeithasol a oedd wedi ei anelu at arweinwyr y gymuned yn sgil y Pla, gan ei bod yn canmol urddas llafur a'r gweithiwr hwnnw nad yw'n chwennych cyflog uwch. Hon yw'r unig gerdd o'i bath, ond ymddengys y gweithiwr weithiau mewn cerddi eraill. Yn un o'i gywyddau y mae un o gyfoeswyr Iolo Goch, y bardd Madog Benfras o Wrecsam, yn disgrifio cyfnewid ei ddillad â halenwr er mwyn cael mynd i mewn i lofft (a gwely) ei gariad. Y mae cyd-destun y gerdd hon yn ddiddorol; yr oedd halen yn rhan hanfodol o ymborth ac yr oedd Wrecsam ar y briffordd o'r Heledd Wen a'r Heledd Ddu i ogledd Cymru (yr A534 heddiw). Gwerthid halen gan bedleriaid yr oedd eu tlodi yn ddihareb:

Y cawell halen cywair
I'w ddwyn o'r hengrwyn ar hair,
Ac erwydd ffynidwydd ffyn,
Ac arwest o ledr gorwyn,
A chod a brithlawd i'w chau,
A chap hen, a chwpanau,
A chlustog fawr o laswellt
Rhwng y cefn oer, dioer, a'r dellt.

Ymddengys fod hon yn guddwisg berffaith. Canodd Guto'r Glyn gywydd amdano ef ei hun yn gweithio fel porthmon ar daith aflwyddiannus yn gyrru defaid i farchnad yn Lloegr ar ran person Corwen. Ynddo cyfeiria at fannau fel Warwick, Coventry, Caerlwytcoed a Stafford.

Gan mai haenau uwch y gymdeithas oedd cynulleidfa'r cyfarwyddiaid a'r beirdd, y mae'r Mabinogion yn portreadu cymdeithas bendefigaidd. Yn hanes Manawydan aeth Manawydan a Phryderi i Loegr oherwydd yr hud ar Ddyfed er mwyn ennill eu bywoliaeth fel cyfrwywyr yn Henffordd. Yr oedd eu gwaith mor dda nes iddynt orfod gadael oherwydd cenfigen crefftwyr lleol, a digwyddodd yr un peth pan oeddynt yn gweithio fel cryddion a gwneuthurwyr tarianau. Ond pwrpas yr anturiaethau hyn oedd dangos bod y byd wedi ei droi wyneb i waered oherwydd yr hud. Yn hanes Math y mae Gwydion a Lleu wedi eu gwisgo fel cryddion wrth fynd i mewn i Gaer Arianrhod, a gorfodwyd Branwen i weithio yng nghegin Matholwch yn Iwerddon ac i dderbyn bonclust bob dydd gan y cigydd. Ceir cyfeiriadau at weithwyr mewn testunau rhyddiaith eraill, yn enwedig yn y Cyfreithiau. Rhestrir swyddogion y llys, ynghyd â'u dyletswyddau a'u gwobrau, a chyfeirir at lawer o weithwyr eraill. Nodir gwerth offer gwahanol grefftau ac y mae'r adran sy'n trafod cyfar neu aredig ar y cyd yn un o'r pethau sy'n adlewyrchu gwaith ar y tir. Nid yw'r testunau llenyddol yn datgelu llawer am y gweithiwr, ond ni ellir disgwyl hyn; pwrpas barddoniaeth a storïau oedd difyrru haenau uwch y gymdeithas ac yr oedd rhai testunau crefyddol neu addysgiadol yn defnyddio'r gweithiwr i danlinellu moeswers.

Ni fodolai'r syniad o ddisgyblaeth amser fel yr ydym yn deall y term heddiw; rheolid yr amserlen gwaith gan yr haul. Ac ni ellir sôn am unrhyw fath o hunaniaeth dosbarth ychwaith; seilid hunaniaeth ar y gymuned. Er na ellir sôn am ddosbarth gweithiol fel y cyfryw yng Nghymru'r Oesoedd Canol, gweithwyr oedd y rhan fwyaf o'r boblogaeth serch hynny.

DARLLEN PELLACH

A. D. Carr, 'The Welsh Worker in the Fourteenth Century: An Introduction to Labour Prehistory', *Llafur*, 5, rhif 1 (1988).

R. Ian Jack, 'The Cloth Industry in Medieval Wales', *Cylchgrawn Hanes Cymru*, 10, rhif 4 (1981).

Jacques de Goff, *Time, Work and Culture in the Middle Ages* (Llundain, 1980).

E. A. Lewis, 'The Development of Industry and Commerce in Wales during the Middle Ages', *Transactions of the Royal Historical Society*, XVII (1903).

Derrick Pratt, 'Medieval People: The Advowry Tenants of Bromfield and Yale', *Trafodion Cymdeithas Hanes Sir Ddinbych*, 36 (1987).

Derrick Pratt, 'Minera: Township of the Mines', *Trafodion Cymdeithas Hanes Sir Ddinbych*, 25 (1976).

William Rees, *South Wales and the March 1284–1415: A Social and Agrarian Study* (Rhydychen, 1924).

William Rees, *Industry before the Industrial Revolution* (2 gyfrol, Caerdydd, 1968), cyfrol I.

A. J. Taylor, 'Castlebuilding in Wales in the Later Thirteenth Century: The Prelude to Construction', yn idem, *Studies in Castles and Castle-building* (Llundain, 1985).

Keith Williams-Jones (gol.), *The Merioneth Lay Subsidy Roll, 1292–3* (Caerdydd, 1976).

BALEDI NEWYDDIADUROL ELIS Y COWPER

Siwan M. Rosser

Clywch hanes anghynnes o broffes go brudd
Am ddyn melltigedig, caiff ddirmyg rhyw ddydd,
Oedd newydd briodi, drygioni rhy gas
A'i gwnaeth ô yn un ffiedd, mor rhyfedd ddi-ras.

Elis y Cowper, 'Fel y darfu i . . .'

Elis y Cowper oedd baledwr mwyaf toreithiog a phoblogaidd y ddeunawfed ganrif. Argraffwyd dros dri chant o faledi ganddo, mwy o lawer nag a argraffwyd ar ran yr un baledwr arall o'r cyfnod. Eto i gyd, saif Elis dan gysgod rhai o'r cyfoedion hynny, megis Twm o'r Nant a Jonathan Hughes, Llangollen. Wedi'r cyfan, yr oeddynt hwy yn feirdd mwy uchelgeisiol a gofalus na'r Cowper; enillwyd cadeiriau eisteddfodol ganddynt a lluniwyd casgliadau swmpus o'u gwaith. Ond yr oedd Elis yn faledwr amgenach na'r un ohonynt. Gwyddai'n union sut i ddenu torf ynghyd a dal eu sylw o'r ebychiad agoriadol hyd y nodyn olaf. Gallai nyddu baled ar sail y newyddion diweddaraf yn gynt na neb, a daeth â helyntion Llundain, Ffrainc ac America bell i glyw trigolion Cymru'r ddeunawfed ganrif.

Llenor y stryd oedd Elis y Cowper, yn ymateb i ofynion ei gynulleidfa drwy gynhyrchu toreth o ganeuon i'w perfformio a'u gwerthu ledled y wlad. O ganlyniad, ni fwriadai i'w faledi fod yn llenyddiaeth fawr, arhosol, eithr yn destunau byrhoedlog i ddiddanu a chynnig cyngor neu rybudd i'r sawl a oedd am wrando. A chan mai llenor poblogaidd ydoedd, heb fawr o ddysg na statws, nid yw'n syndod canfod bod yr wybodaeth am Elis ei hun yn brin. Gan nad ysgrifennodd hunangofiant, yn wahanol i'w gyfaill Twm o'r Nant, ni thrafferthodd neb arall i gofnodi hanesion ei fywyd. Erbyn i G. G. Evans gywain yr wybodaeth amdano ynghyd ar gyfer cyfrol yn y gyfres *Llên y Llenor*, yr oedd ei hanes wedi hen fynd dros gof. Nid oedd modd i G. G. Evans roi iddo fywgraffiad sylfaenol hyd yn oed. Meddai wrth agor y gyfrol:

> Gobeithiais unwaith mai brawddeg gyntaf y llyfr hwn fyddai 'ganed Ellis Roberts, neu Elis y Cowper yn y plwyf a'r plwyf yn y flwyddyn a'r flwyddyn'. Yna ychydig frawddegau, yn null cofiannau'r bedwaredd ganrif ar bymtheg, am rieni a chartref y 'gwrthrych'. Ond breuddwyd ydoedd.

13 Cowper neu hwper wrth ei waith yn codi casgen.

Llwyddwyd, fodd bynnag, i loffa rhai manylion am Ellis Roberts, neu Elis y Cowper. Erbyn 1742 yr oedd wedi ymgartrefu yn Llanddoged, Dyffryn Conwy, yn briod am yr eildro ac yn dilyn ei grefft yn gwneud casgenni a llestri pren eraill. Ymddengys mai 'dyn dŵad', chwedl G. G. Evans, o waelod sir Feirionnydd oedd y Cowper, ond yn Nyffryn Conwy y treuliodd y rhan helaethaf o'i oes; priododd yno ddwywaith yn rhagor, yr oedd yn dad i o leiaf ddeg o blant, ac yn Llanddoged y'i claddwyd ar 1 Rhagfyr 1789.

Yr oedd ei gefndir cymdeithasol a barddol yn debyg iawn i fwyafrif beirdd poblogaidd y ddeunawfed ganrif. Crefftwyr, masnachwyr, neu dyddynwyr oeddynt, ac yr oedd eu statws cymdeithasol isradd a'u diffyg hyfforddiant barddol trwyadl yn destun dychan ymhlith Cymry dysgedig Llundain a'u cyfeillion. Ni chafodd yr un bardd poblogaidd ei lambastio yn waeth nag Elis y Cowper, a hynny'n bennaf yn sgil ffrwgwd a fu rhyngddo a'r arch-glasurwr Goronwy Owen. Fel y dengys Alan Llwyd yn ei gofiant i Goronwy Owen, yr oedd Elis wedi bygwth rhoi crasfa i'r bardd o Fôn oherwydd iddo ei guro mewn ymryson prydyddu tua 1740. Ond nid yr atgof chwerw am y digwyddiad hwnnw yn unig a welir yn yr ymosodiadau geiriol ar 'Elisa Gowper' o hynny ymlaen. Ys dywed Alan Llwyd:

Cynrychiolai Elisa ddosbarth arbennig o feirdd yn nhyb Goronwy, sef y beirdd gwerinaidd, rhigymaidd, y beirdd bol clawdd a ganai'n garbwl-anghelfydd ac yn fas fasweddus . . . Sarhad ar grefft a galwedigaeth y bardd oedd canu bustlaidd ac amrwd Elis a'i debyg. Felly, cynrychiolai Elis ddull o farddoni a oedd yn hollol groes i bob egwyddor farddonol a goleddai Goronwy, ac yn ogystal â'r gwrthdaro syniadol hwn, 'roedd cof Goronwy am y gwrthdaro corfforol a phersonol hwnnw a fu rhyngddo ac Elis, pan oedd y bardd yn ddisgybl yn Ysgol y Friars, yn rhoi mwy o fin ar ei gwilsyn.

Er nad oedd gan ei ddilynwyr achos mor bersonol â Goronwy i ddifrïo'r Cowper, etifeddwyd ei safonau beirniadol, a'i ddirmyg at ganu Elis a'i debyg, gan lu o lenorion a beirniaid llenyddol. Ganrif wedi marwolaeth Elis, er enghraifft, gwelwn Elis y Nant yn ailadrodd yr un math o gwynion am ddiffyg gallu'r baledwr. Mewn pamffled ganddo am *Y Beirdd ac Eglwys Loegr yng Nghymru* (Y Bala, *c.* 1890), gelwir Elis y Cowper yn 'rhigymwr direol a di-drefn . . . Ni feddyliodd neb ond efe ei hun, hyd y gwn, ei fod yn alluog i gyfansoddi yn farddonol na rhyddieithol'.

Wrth gwrs, nid anallu barddol honedig y Cowper yn unig a oedd yn ennyn beirniadaeth gwŷr llên y bedwaredd ganrif ar bymtheg. Nid oedd safiad ceidwadol, eglwysig y bardd, nac ychwaith ei hiwmor masweddus, yn cyd-fynd â gwerthoedd y Gymru Ymneilltuol. Onid oedd cerddi olaf Elis ei hun, dan ddylanwad gweithiau John Bunyan, yn ôl Dafydd Owen yn *I Fyd y Faled*, wedi mynd yn gaeth o grefyddol, ac iddo losgi ei ysgrifeniadau cynnar 'rhag iddynt lygru moesau'r werin'? Oherwydd y cyfaddefiad hwn am 'oferedd' ei gerddi cynnar ac undonedd y llythyrau crefyddol a luniodd tua diwedd ei oes – gweithiau a ymdebygai i bregethau bolclawdd ym marn G. G. Evans – bron nad oes rhyfedd i ddarllenwyr Oes Fictoria ei anwybyddu a'i anghofio.

Ar ddechrau'r ugeinfed ganrif, fodd bynnag, rhoddwyd sylw ysgolheigaidd i Elis y Cowper a'i gyd-faledwyr yng nghyfrol Thomas Parry, *Baledi'r Ddeunawfed Ganrif* (1935). Yn ei hanfod, yr hyn a wnaeth Parry oedd gosod baledwyr y ddeunawfed ganrif yn rhan o hanes datblygiad a dirywiad barddoniaeth Gymraeg, yn rhan o hanes canon y 'traddodiad barddol' y bu Parry ei hun yn gymaint rhan o'i greu. Gosodwyd Elis y Cowper a'i debyg yn llinach beirdd cymdeithasol yr Oesoedd Canol, a phrif ddadl Thomas Parry oedd bod i faledi'r ddeunawfed ganrif arwyddocâd hanesyddol er gwaethaf y ffaith nad oedd iddynt werth llenyddol cynhenid.

Y mae sylwedd i ddadl Thomas Parry, oherwydd yr hyn a

wnaeth Elis y Cowper a'i gyfoedion, megis Twm o'r Nant, Huw Jones Llangwm a Jonathan Hughes, Llangollen, oedd cynnal rhai o ddyletswyddau beirdd cymdeithasol yr Oesoedd Canol drwy ganu mawl a marwnad, a thrwy ofyn a diolch am roddion. Yn ogystal, dadleuodd Parry fod i'r baledwyr le pwysig yn natblygiad y 'canu caeth newydd', neu'r 'canu rhydd cynganeddol'. Yr oedd Elis yntau yn un o feistri'r dull hwn o ganu yn ystod y ddeunawfed ganrif, yn llunio llinellau cyhyrog, lled-gynganeddol i'w canu ar alawon poblogaidd y cyfnod. Dangosodd Thomas Parry y cynhelid y canu rhydd cynganeddol hwn gan gymuned gref o feirdd gwlad yng ngogledd-ddwyrain Cymru, ac yr oedd Elis yn sicr yn rhan amlwg o'r gymuned honno. Byddai'n cyfarfod yn aml â Huw Jones Llangwm, Dafydd Jones o Drefriw, Twm o'r Nant a Jonathan Hughes o Langollen mewn tafarndai, eisteddfodau a chartrefi caredigion llên megis Siôn Dafydd Berson, Pentrefoelas. Yn y cyfarfodydd anffurfiol hyn y dysgid y grefft o farddoni a diau hefyd y ceid llawer o hwyl yng nghwmni'r prydyddion, fel yr awgryma hanesyn Thomas Jones, Cerrigellgwm, am Elis, Huw Jones a Dafydd Jones yn llunio carol plygain ar y cyd mewn tafarn yn Llanrwst, cerdd a adroddir yn 'Beirdd Uwchaled' (gweler *Cymru* 36 (1909)), a'r ffaith i Elis ddychanu'r beirdd mewn pennill am ddylanwad tywysog diogi arnynt:

Rwy ymhob lle yn *delio* llawer
A Huwcyn Llangwm a Lisa'r Cowper
Ar ôl iddynt hwy a myfi orphen:
Mi af gynta ag allwyf at Fardd Llangollen
Gan Dwm o'r Nant caf lety noswaith
Gan Ddeio o Lanfair mi gaf linîaeth
Nid oes neb na hoffa ynghwmpeinî
O fewn y wlad oni bai dylodî.

Y mae tynnu sylw at ddefnydd Elis y Cowper o *genres* barddoniaeth yr Oesoedd Canol a'r canu rhydd cynganeddol

14 Datgeiniad Penpastwn: darlun gan Moses Griffith.

yn ffordd o ddadlau dros arwyddocâd ei waith yng nghyd-
destun hanes y traddodiad barddol. Ond wrth ganolbwyntio
ar y wedd honno yn unig, anwybyddir canran helaeth o
gynnyrch llenyddol y Cowper, sef ei gerddi cyfoes neu
newyddiadurol. Rhaid cofio mai am y baledi cyffrous hyn yr
awchai cynulleidfa'r faled boblogaidd; er bod lle o hyd i fawl
a marwnad, pur ymylol ydynt yn *repertoire* y bardd hwn. Y
faled boblogaidd a oedd yn mynd â bryd y gynulleidfa, sef
ffurf sy'n cyfateb i'r 'broadside ballads' Saesneg; cerddi a
gyfansoddwyd yn unswydd ar gyfer eu hargraffu, eu
perfformio a'u gwerthu ledled y wlad. Ni chafodd y ffurf
hon fawr o barch gan feirniaid llên na chasglwyr llên gwerin
yng Nghymru na'r tu hwnt i Glawdd Offa. Yng Nghymru,
teimlwyd mai gwag a disylwedd oedd y canu bachog cyfoes
hwn. Fel y dywedodd Dafydd Owen yn ei draethawd MPhil
ar 'Y Faled yng Nghymru' ym 1989:

> Nid oes ar gyfyl canu o'r fath ramant na rhethreg, hwyl
> na hydeimledd. Daethai gwanychiad mydryddol y
> baledi eisoes yn amlwg, a gosodai'r cerddi gyweirnod i
> ganu cyffredin y ganrif oedd i ddilyn . . . Llaciodd y
> cyswllt â'r hen draddodiad canu caeth a choeth ymron
> hyd at ymollwng, ac nid digon y moesoli, er ei fod yn
> ddidwyll yn aml, i lenwi'r bylchau.

Ac ym myd y faled Saesneg, ystyrid y 'broadside', neu'r faled
daflennol, yn gynnyrch llwgr, gwachul nad oedd modd ei
gymharu â phurdeb y baledi llafar traddodiadol. Lluniodd
Francis James Child, er enghraifft, gasgliad enfawr o faledi
traddodiadol Saesneg ac Albanaidd, ond nid oedd ganddo'r
un gair da ar gyfer y faled daflennol, neu'r 'vulgar ballads of
our day'. Nid oedd rhagfarn o'r fath yn anghyffredin
ychwaith, fel yr eglura Flemming G. Andersen yn ei bennod
'From Tradition to Print: Ballads on Broadsides' a
gyhoeddwyd yn y gyfrol *The Ballad as Narrative* (1982):

Despite its general popularity the broadside literature has not been very popular with modern ballad scholars; partly because it is such a heterogenous genre, and partly because 'filthy lucre' had such a prominence in the distribution of these ballads. What true ballad scholars were after was the pure 'unstained traditional ballad', which had lived among the people – almost exclusively in rural areas – and which had been transmitted by word of mouth.

Wrth gwrs, y mae'r baledi taflennol hyn yn wahanol iawn i gerddi disgybledig y traddodiad barddol Cymraeg ar y naill law, ac i ganeuon swynol, syml y traddodiad llafar ar y llall. Ofer felly yw cymhwyso'r un meini prawf ar gyfer pob cyfrwng barddol, ac y mae Dafydd Owen yn cydnabod hynny yn *Y Faled a'r Fro* (1992):

Sut bynnag, ffolineb yw camfarnu'r baledi am nad ydynt yn farddoniaeth fawr. Ni fwriadwyd iddynt fod yn ddim ond cyflwyniad difyr, confensiynol a derbyniol o ddigwyddiadau'r dydd. Ac o gofio'r hwyl gartrefol a'r dwyster diffuant yn amlwg a gyflëid ynddynt, rhaid cydnabod eu bod yn rhagori ar y croniclau newyddiadurol oer.

Bwriad gweddill yr ysgrif hon, felly, yw manylu ar rai o faledi cyfoes newyddiadurol Elis y Cowper a argraffwyd yn ystod y ddeunawfed ganrif, a'u beirniadu yn ôl confensiynau *genre* poblogaidd y faled daflennol ac nid yn ôl estheteg a berthyn i lenyddiaeth fwriadol gelfyddydol. O wneud hynny, nid oes rhaid ymddiheuro am ddiffyg awen a chwaeth Elis, eithr canolbwyntiwn ar arddull y testunau er mwyn ceisio dirnad poblogrwydd diamheuol baledi'r Cowper o Landdoged.

Un peth amlwg am faledi cyfoes Elis yw eu bod yn perthyn i fyd llenyddiaeth brintiedig yn anad dim. Rhaid cofio, serch hynny, y defnyddid y faled yn gyfrwng i ledaenu newyddion a straeon cyn dyfodiad y wasg argraffu i Gymru a'r gororau yn y ddeunawfed ganrif. Fel y dangosodd Tegwyn Jones yn 'Brasolwg ar y Faled Newyddiadurol yng Nghymru cyn y Cyfnod Argraffu', yng nghanu rhydd yr unfed a'r ail ganrif ar bymtheg ceid amryw byd o faledi newyddiadurol yn ymateb i bob math o helyntion, o anturiaethau morwyr Elisabeth I yn y Caribî i gynllwyn Brad y Powdwr Gwn ym 1605. Ar lafar y trosglwyddid cerddi o'r fath gan fod argraffdai trwyddedig Llundain, Rhydychen a Chaer-grawnt ymhell o gyrraedd y beirdd gwlad yng Nghymru. Ond pan laciwyd y rheolau argraffu ym 1695 gwawriodd cyfnod newydd yn hanes y faled Gymraeg. Sefydlwyd yr arfer o argraffu tair neu bedair o faledi gwahanol mewn llyfryn bychan, ac yn argraffdai'r gororau y gwelwyd y gweith-garwch pennaf. Yr oedd gweisg Amwythig, Croesoswallt a Chaer yn fwy na pharod i argraffu cynnyrch diweddaraf cnwd o faledwyr a drigai yn y gogledd-ddwyrain, a chrwydrai rhwydwaith o werthwyr ar hyd a lled y wlad yn canu ac yn gwerthu'r llyfrynnau rhad.

Erbyn ail chwarter y ddeunawfed ganrif yr oedd argraffu baledi yn ddiwydiant sylweddol ac yr oedd y galw cyson am 'gân newydd' yn warant na fyddai'r bardd, yr argraffydd na'r gwerthwr fyth yn segur. Baledi oedd 'bestsellers' y ddeunawfed ganrif, a llwyddodd Elis y Cowper i fanteisio ar botensial masnachol y ffurf. Pan ddechreuwyd argraffu ei waith tua diwedd y 1740au yr oedd y fasnach faledol eisoes wedi bwrw ei gwreiddiau yng ngogledd-ddwyrain Cymru yn arbennig, ac yr oedd yno gynulleidfa barod ar ei chyfer. Yn ogystal, yr oedd ei gartref yn Nyffryn Conwy yn fan cyfleus ar y llwybr masnachol o'r dyffryn i drefi'r gororau, a buan y daeth ef yn ffefryn gan rai o werthwyr crwydrol y cylch, megis Harri Owen o Feddgelert a Moses Evan o Landdoged.

O'r 1740au ymlaen argreffid ei waith yn gyson yn argraffdai'r gororau ac ymddangosodd baledi ganddo mewn llyfrynnau a argraffwyd yn Aberhonddu a Chaerfyrddin hefyd, a hynny mewn cyfnod pan nad oedd y chwiw faledol wedi cydio eto yn ne Cymru. Yna, pan sefydlodd ei gyfaill Dafydd Jones argraffwasg yn Nhrefriw ym 1776, nid nepell o gartref y Cowper, nid syndod i Dafydd Jones fanteisio ar y ffaith fod cartref baledwr mwyaf poblogaidd y ganrif yr ochr draw i'r afon yn Llanddoged. Rhwng 1776 a'i farwolaeth yn 1785, pan drosglwyddwyd yr argraffdy i law ei fab Ismael Davies, argraffodd Dafydd Jones o leiaf 80 o lyfrynnau baledi yn Nhrefriw. Yr oedd 56 o'r rheini'n cynnwys o leiaf un gerdd gan Elis y Cowper, sy'n golygu iddo argraffu o leiaf 108 baled o eiddo Elis dros gyfnod o naw mlynedd. Ni allai'r un baledwr arall gystadlu ag ef; argraffwyd llond llaw yn unig o faledi gan Huw Jones a Twm o'r Nant, ac yn ysbeidiol yn unig y ceid cerdd neu ddwy gan feirdd llai adnabyddus megis John Williams, Llanbedrog a Robert Gruffudd.

Y mae ffydd a hyder Dafydd Jones a gwerthwyr megis Harri Owen ym maledi Elis yn brawf o ddawn a phoblogrwydd y baledwr. Wedi'r cyfan, ym myd y faled ni fyddai'r un gwerthwr nac argraffydd craff yn trafferthu argraffu cerdd onid oeddynt yn gwbl hyderus y byddai'n gwerthu'n dda. Croesawent gerddi newydd gan y Cowper am eu bod yn gwybod y caent ganddo gyfansoddiad ffres, newydd a chyfoes ei apêl. Dyma fardd a oedd yn adnabod ei gynulleidfa, a thrwy ddarparu amrywiaeth eang o destunau ar eu cyfer ceisiodd fachu diddordeb cynifer o wrandawyr ag a oedd bosibl. Oherwydd, yn ogystal â bod yn fardd bywiog a grymus, yr oedd Elis yn faledwr craff ac y mae swm a sylwedd ei gerddi yn awgrymu ei fod yn fwy ymwybodol o ofynion y fasnach faledol na'i gyfoedion.

'Yr oedd popeth bron yn ddŵr i'w felin', meddai G. G. Evans. Lluniodd Elis gerddi crefyddol a cherddi dychanol; canodd am ryfeloedd, damweiniau, trychinebau, llofruddiaethau, rhamantau a llawer mwy. Wrth geisio diwallu'r awch dihysbydd am faledi newydd cyfoes, byddai Elis yn benthyg deunyddiau o'r fan hyn a'r fan draw. Ambell dro byddai'n creu amrywiad ar stori werin draddodiadol, dro arall yn addasu

Cerdd a anfonodd _Ellis Roberts_ y Cowpor
at _Thos Edwards_, Awdwr y Llyfr hwn
Ar ddull ymofyn; Pa achos fod cymaint Llygraidd
a dallineb yn Eglwys _Loegr_ &c yw chanu ar

[P 15]   _Kings and ffarwel_

y Brawd _Thomas_ dyma'r tymor mae'n rhaid preintio y rhai
                                    yn ganlynol y ol ei gilydd
                                    heb ddwedi
                                    y Llyfr

Imi d'anrhegu am eiriau'n rhagor
A dod dy ferdyd imi ar fyrder
pwy dynodd lygaid Eglwys _Loegr_?
Am nad iw na brwd nag oer si geiriau,
Ond yn glaiair ac dan glouau
Heb Nefol Sain, 'r Efengyl gain
I gywrain, ragori,
I godi dynion 'i'r daioni
A'n dadwraiddio o fudredd;
Ow! darfu'r Awdurdodau didwyll,
A fyddeu I gynou 'r fuddiol ganwyll
I oleuo dyn, iw weld ei hun;
A'r ffyrdd y gelyn; gwael'edd
A'i fod mewn gyrfa draw yn gorfedd,
Ymhell andirm ymhwll anwiredd.

(2)
      Ow! Eglwys _Loegr_ dwl Olygon
In mown i odineb y mae ei dynion
Ac at y Butain _Babiloniaid_
Mae pawb yn 'nynu bob yn Enaid

---

15 Cerdd a anfonwyd gan Elis y Cowper at Twm o'r Nant
(LlGC, Llsgr. 1236B, t. 96).

cerdd neu ddarn rhyddiaith ysgrifenedig a oedd eisoes yn bodoli mewn llawysgrif neu brint, ac weithiau'n llunio cerdd ar sail stori newyddiadurol a oedd ar led ar y pryd.

Rhaid ei fod yn wrandäwr astud ac yn ddarllenwr brwd a chwilotai'n ddyfal mewn pamffledi Cymraeg a Saesneg am destun addas i'w osod ar gân. Er i G. G. Evans ddadlau mai prin oedd ei wybodaeth o'r Saesneg, dengys llawer o destunau sy'n ymwneud â materion rhyngwladol naill ai bod ganddo sgiliau darllen elfennol yn y Saesneg, neu iddo bwyso'n drwm ar siaradwyr dwyieithog a gyfieithai'r deunydd ar ei ran, megis y porthmyn a'r teithwyr y byddai'n cymdeithasu â hwy yn nhafarndai ardal Llanrwst.

Yn sicr, ni fyddai'n oedi dim cyn llunio cân ar sail y stori fawr ddiweddaraf, ac yn bur aml digwyddiad ar y llwyfan rhyngwladol fyddai'r ysbardun. Fe'i hysgogwyd, er enghraifft, i ganu o leiaf 17 baled am Ryfel Annibyniaeth America, ac yn eu plith ceir baledi yn olrhain hanes Paul Jones. Daeth yr Albanwr hwn yn arwr i wrthryfelwyr America ac ym mis Ebrill 1778 ceisiodd losgi llongau'r llynges Brydeinig yn Whitehaven. Ymhen ychydig fisoedd yr oedd cerdd gan y Cowper wedi ei hargraffu yn adrodd yr hanes, ac y mae ei ddisgrifiad o'r helynt mor fanwl nes i Thomas Parry gredu i Elis 'godi ei wybodaeth o ryw faled Saesneg a welodd neu a glywodd, a hwyrach gyfieithu peth ohoni'.

Diau mai baled gan y Cowper fyddai'r adroddiad Cymraeg cyntaf ar rai o ddigwyddiadau mwyaf ysgytwol y ganrif i ymddangos mewn print, megis y ddaeargryn a drawodd Calabria yn ne'r Eidal yng ngwanwyn 1783. Dyma un o'r daeargrynfeydd mwyaf andwyol i daro gorllewin Ewrop erioed. Dinistriwyd trefi a phentrefi cyfain yn llwyr gan grynfeydd grymus rhwng 5 Chwefror a 28 Mawrth; cwympodd llethrau'r dyffrynnoedd a lladdwyd ymhell dros 30,000 o bobl gan y ddaeargryn ei hun a miloedd yn rhagor gan y newyn a'r afiechyd a reibiodd yr ardal wedi hynny. Unwaith eto, o fewn ychydig fisoedd, neu wythnosau hyd yn oed, lluniodd Elis y Cowper faled i gofnodi'r drasiedi erchyll: 'O Hanes dychryn ofnadwy a fu yn yr Italia modd y darfu i Dduw singcio Tri-Chant o Drefydd, a thair o Drefydd Caerog; ac nid oes yno ddim ond llyn o ddŵr dî-waelod.' Yn y penillion hyn disgrifir y distryw fel a ganlyn:

A'r Ddaear oedd yn siglo,
A'r Trefydd mawr yn syrthio,
I lawr yn llithro yno'n llawn,

Y Tân yn fflamio a'r Môr yn rhuo,
A'r tai yn cwympo yn llithro o'i lle,
A'r holl wlad burlan liwdeg lydan,
Yn 'nynny 'n anian dan y Nê,
A'r Trefydd cryfion fowrion furie,
Yn mynd i'r gwaelod hefo 'i gwalie,
Aeth tri chant o Bentrefydd,
I'r gwaelod hefo 'i gilydd,
I'r un dihenydd cerydd câs,
Dros drigain mil o ddynion,
Ei bywyd a gollason,
O rai pen rydio oedd ddiras,

Tair o Ddinasoedd yno gwympodd,
Ac a suddodd oll yn siŵr,
Nid oes hanes un ohonyn,
Ar llawr derfyn ond llyn dwfr,
Na'r un î'w gweled o'r trigolion
I gell isel a gollason . . .

Er nad yw'r manylion yn ffeithiol gywir (nid boddi a wnaeth y trefi, er i sawl ton enfawr olchi drostynt, ac ni laddwyd dros 60,000 gan y ddaeargryn), y mae'r gerdd yn llwyddo i gyfleu'r dychryn a maintioli'r dinistr a fu yn Calabria. Collwyd miloedd ar filoedd o bobl, cymunedau cyfain mewn rhai ardaloedd, a difrodwyd rhai dinasoedd pwysig megis Palmi, Bagnara a Scilla. Nid newyddiaduraeth

foel a gawn yma gan y Cowper, ond ceisia gyfleu erchyllter y
digwyddiad a'i ddehongli ar ran ei gynulleidfa. Yn wyneb y
fath ddistryw, myn y bardd mai'r unig ffordd i ddirnad colli
cymaint o fywydau oedd derbyn mai cosb Duw am bechod
dyn ydoedd. Ddwy flynedd ar hugain ynghynt, yr oedd Huw
Jones Llangwm yntau wedi cyflwyno erchyllter daeargryn
Lisbon, trychineb a laddodd tua deg mil o bobl, yn yr un
modd. 'Dilyw o ddialedd tra phuredd' ar y ddinas bechadurus
oedd y ddaeargryn honno, yn ôl Huw Jones, ac yma gwelwn
Elis yn cyflwyno'r un neges ddigyfaddawd yng nghyd-destun
trasiedi'r Eidal:

> Dyma'r garwa ddiwedd tosta,
> Fel llu *Cora* trymha tro,
> Y Ddaear embyd yn agoryd,
> I ddwyn ei bywyd gaethfyd go,
> Ni chaent mor cimin o waith camwedd,
> Ag un munud nag amynedd,
> Ond mynd i lawr yr eigion,
> I dywyllwch fel rhai deillion,
> A bod trwm foddion yno fyth,
> Gwae rhai a ddigio'r Arglwydd,
> Ni welant yn dragywydd,
> Ddim o'r llawenydd sadrwydd syth.

> Rhain oedd ddynion uchel feilchion,
> Yn rhith Cristnogion waelion wedd,
> Nhw aeth o'i Cartre o'r un Ange,
> Mewn aswy boena yn is na'r Bedd,
> Rhain oedd daered bechaduriaid,
> Ag er na wyddent mo'r diweddiad,
> Fod Cledde Duw mor agos,
> I'w torri nhw'n ddi ymaros,
> I wlad yr hirnos byr nos ben,
> Cymerwn ninne rybydd,
> Holl bobl Cymru beunydd,
> Mewn hendre a mynydd oll *Amen.*

Er na allwn fod yn sicr ynghylch sut yn union y câi Elis afael ar straeon o'r fath, ac a allai ef ei hun eu trosi o'r naill iaith i'r llall, y mae manyldeb a chyfoesedd baledi megis y rhain yn brawf o'i sylwgarwch effro a'i egni creadigol. Ond yr oedd hefyd yn ddigon hirben i sylweddoli y gallai ailgylchu rhai testunau dro ar ôl tro, dim ond iddo amrywio digon ar yr enwau a'r lleoliadau. Pan ddarllenodd Elis gyfieithiad Ellis ab Ellis, offeiriad Llandudno, o hanes gwelEdigaeth ryfeddol y Parchedig Richard Brightly o swydd Gaerlŷr, rhaid ei fod wedi synhwyro'n syth fod yma stori a wnâi faled benigamp. Ceid yma gyfuniad o dyndra, dirgelwch, taith ryfeddol i uffern ac i'r nef, a marwolaeth ddramatig, a hynny ar batrwm gwelEdigaethau hynod o boblogaidd y Bardd Cwsg. Lluniodd Elis faled am y welEdigaeth ac fe'i hargraffwyd o leiaf bedair gwaith yn ystod ail hanner y ddeunawfed ganrif. At hynny, manteisiodd Elis ar boblogrwydd y faled welEdigaethol drwy lunio tair baled arall am brofiadau cyffelyb. Canodd am welEdigaeth John Roberts o Ysbyty Ifan, Mary Jeffrey o swydd Lincoln, a William Jones, offeiriad o swydd Gaerhirfryn, ac ymddengys iddo greu dolen gyswllt fwriadol rhwng y ddwy faled ddiwethaf. Ar ddechrau'r gerdd am William Jones, cyfeiria at y faled gynharach:

Am Fari Jeffre clowsoch sôn
A'r Arwyddion iddi rodded

Dywed hefyd y bydd yr ail gerdd hon yn 'siampal' arall i'r gwrandawyr. Y mae'r Cowper fel pe bai'n cymryd yn ganiataol fod ei faled gynharach ynghylch Mary Jeffrey yn hysbys i bawb, ac y mae am elwa ar boblogrwydd y testun hwnnw drwy greu baled debyg a fydd yn sicr o apelio at y gynulleidfa, yn ogystal â rhoi iddynt faeth ysbrydol.

Dengys baledi gwelEdigaethol Elis sut y trosglwyddodd destun rhyddiaith a oedd eisoes mewn print yn faled daflennol, ac iddo ailgylchu'r testun hwnnw er mwyn sicrhau y talai'n dda iddo dros gyfnod pur faith. Ond nid

16 Hwyl a miri'r ffair yn Aberystwyth, lle da i ganu a gwerthu baledi.

clust am stori dda yn unig a oedd gan Elis. Gwyddai yn
burion sut i lunio baled drawiadol hefyd, a phan edrychwn
ar nodweddion cyffredin traddodiad y faled daflennol yn
Lloegr a thu hwnt, daw'n amlwg fod cerddi'r Cowper yn
perthyn i'r traddodiad eang hwnnw lawn cymaint ag y
perthynai i'r traddodiad barddol Cymraeg.

Yn eu hanfod, y mae cynnwys ac arddull baledi'r
traddodiad taflennol yn adlewyrchu eu cyd-destun perfform-
iadol a masnachol, ac felly hefyd gerddi newyddiadurol y
Cowper. Y mae'r gri am osteg a gwrandawiad teg, yr ieithwedd
ystwyth, lafar a'r ddelweddaeth gyffredin draddodiadol yn ein
hatgoffa mai i'w canu mewn perfformiadau cyhoeddus y
bwriadwyd y baledi hyn yn wreiddiol. Yn ogystal, y mae'r
naratifau dramatig addurnedig, yr ymadroddion llanw a'r
disgrifiadau manwl yn adlewyrchu'r ffaith y bwriadwyd
iddynt hefyd gael eu gwerthu. Er mwyn sicrhau gwerthiant da,
rhaid oedd cynhyrfu ac ysgogi diddordeb y gynulleidfa. Sylwer
ar grynodeb Thomas Pettitt, yn y cyflwyniad i *The Ballad as
Narrative*, o strwythur nodweddiadol y baledi hyn:

. . . the incipit attracting attention, establishing a relationship between performer and audience, and advertizing the story to come; the explicit rounding the story and preparing the ground, often explicitly, for the receipt of remuneration or the sale of the text, and in between, all those interjections commenting on the action, affirming the truth of the story, signalling scene-shifts, and generally leading the audience by the hand through the narration.

Mewn baled 'Y[n] gosod allan y modd y lladdod[d] Gwraig ei phlentyn drwy fod Satan wedi dwyn ymaith ei synhwyre Ymhlwy *Coed-ana*, yn agos i *Lanerch-y medd*, i'w chanu ar Duw Gadwo'r Brenin' a argraffwyd yn Nhrefriw ym 1784, gwelir yn eglur y nodweddion a ddisgrifiwyd gan Pettitt. Y mae'r pennill agoriadol, er enghraifft, yn galw'r gynulleidfa ynghyd ac yn rhoi amlinelliad o'r stori sy'n dilyn:

Clywch hanes trychineb,
Drwy yspryd creulondeb,
A barre'r afrwydeb di-râs,
Yr achos presennol oedd byw yn annuwiol,
Mewn moddion aflesol di flas,
Y wraig ddrwg ei modde y Dîafôl a'i twylle,
Pan cad yn ei brone roi brath,
Mae sâttan i'w gofio a'i ben wedi sigo,
A phawb sy'n ei foddio 'run fath,
Roedd hon yn gwallgofi a saith o blant ganddi,
Nes caffael ei siomi i droi'n syn,
Gwnaeth weithred o fwrdro,
Yr Ifenga o'i phlant yno,
I lawer i gofio'r *Maen Gwyn*,

Wedi'r agoriad arswydus hwn, diben y penillion nesaf yw manylu'n ddramatig ar union amgylchiadau'r lladd. Yr oedd y gynulleidfa eisoes wedi clywed i fam 'fwrdro' ei phlentyn ieuengaf, a rhaid oedd cynnig rhagor o abwyd iddynt er

mwyn cynnal eu diddordeb hyd ddiwedd y faled. Yn y modd
manwl, dramatig hwn, felly, y mae Elis yn adrodd hanes y
lladd ei hun a'r modd y canfu'r forwyn y corff:

> Y ffordd a ddyfeisie i ddarfod i ddyddie,
> Hi a'i gwthiodd mewn budde ar ei ben,
> Dŵr poeth a dŵr llestri,
> Yn y fudde yno i'w foddi,
> Heb ofni na surni na sen,
> 'Rol hyn yn ddi-ame cauadodd y fudde,
> I bwyso ar i sodle fe'n siŵr,
> Fel hyn y cae ddiben ond blin y dynghedfen,
> A'n gelen a'i dalcen mewn dŵr.
> Hi chwiliodd drwy ddichell a'r fall yn i chymell
> Am glampie o ddwy fantell go fawr,
> Ir drws ae hi'n ufudd rol darfod ei gwradwydd
> Eistedde yno lonydd i lawr,

> Doe'r forwyn ar fyrder drwch ofid i'w chyfer
> Gofynne iddi yn dyner ar dwyn,
> Hi atebodd yn fuan nas gwydde hi amcan,
> Heb arni na chwynfan na chwyn,
> Y Llangces a wele ar lawr yno'r fudde,
> Di ame dychrynne'n drwch iawn,
> A dwy o fantelli a'i tanaid nhw drosti
> A rhywbeth i'w lenwi yno'n llawn,
> Y ddynes ar amnaid a dynnodd y caead,
> Hi wele yno'n dŵad glyn dyn,
> [Yn] fuan y bloeddiodd ag allan y rhedodd,
> A braidd nad anhirtîodd ei hun,

> Hi redodd dan floeddio alw'r gwr yno,
> Daeth hwnnw mewn gwallgo a mawr gur,
> A'r wraig oedd yn eiste heb ddweud gair o'i gene,
> Yn hagr ei modde wrth y mur,
> Ar ôl agor y fudde doe'r Corph yno i'r gole
> Yn erbyn ei sodle mae'n siŵr,
> Bu yno floedd erwin a chrio di derfyn,

Wrth iddyn ei ddirwyn o ddŵr,
Buon yno rai orie a'r dyn bychan i'w bache,
Yn wylo'r blin ddagre yno'n ddwys,
Ar fam felltigedig ar natur gythreilig,
Heb arni na pheryg na phwys.

Yn sicr, byddai manylder o'r fath yn cydio yn nychymyg y
gwrandawyr ac efallai yn ddigon i godi pwys arnynt hyd yn
oed. Un o amcanion y baledi taflennol yn gyffredinol, megis
newyddiaduraeth 'tabloid' heddiw, oedd creu sgandal,
arswyd a melodrama. Yn ogystal, yr oedd cynnwys y fath
fanylion yn ddull o geisio dilysu gwirionedd y stori. Drwy
gynnig gwybodaeth ynghylch lleoliad, amser ac union
fanylion y digwyddiad yr oedd modd darbwyllo'r gynulleidfa
fod hon yn stori wir. Yn achos y llofruddiaeth hon, cawn
wybod mai yn ffermdy'r Maen Gwyn, ym mhlwyf Coedana,
Llannerch-y-medd, y lladdwyd y plentyn. Ond, wrth gwrs, y
mae'n debyg mai yn anuniongyrchol y deuai newyddion o'r
fath i glustiau'r Cowper, ac nid drwy gyfrwng adroddiad
llygad-dyst, ac efallai y byddai'r stori wedi ei hymestyn a'i
hystumio wrth gael ei hadrodd ar lafar a'i throsglwyddo yn
adroddiad papur newydd neu'n faled daflennol.

Ond y mae'n bosibl hefyd nad oedd unrhyw wirionedd i
rai o'r straeon hyn ac y byddai ambell chwedl werin yn
ymrithio megis hanesyn newyddiadurol yn llenyddiaeth
boblogaidd y cyfnod. Er enghraifft, mewn baled felodramatig
arall gan y Cowper cawn hanes damwain erchyll. Mynegir
prif ddigwyddiadau'r stori yn y teitl hirfaith, nodwedd arall
sy'n amlwg iawn yn nhraddodiad y faled daflennol. Yr un
bwriad oedd i'r teitlau hyn â'r penillion agoriadol esboniadol,
sef cyflwyno hanfodion y stori, tra byddai gweddill y faled yn
mynd ati i ddehongli ac addurno'r hanfodion hynny yn y
modd mwyaf gorchestol bosibl:

Fel yr oedd Gwraig yn golchi ei Phlentyn mewn Twb, ac
un arall wedi myn'd allan; a Chyllell yn ei law ag fe

syrthiodd arni ai Fam a redodd ato, ac erbyn ei dyfod i'r
tŷ yr oedd hwnnw wedi boddi yn y twb. Ai Tad a ddaeth
yno a gweled ei ddau Blentyn yn Gyrph, fe dybiodd ma'i
Wraig aî lladdase ac fe ai lladdodd. Ag yn ddîwaetha' fe
laddodd ei hun.

Gallai hon fod yn stori wir, wrth gwrs, ond y mae'r gyflafan
deuluol hon yn dwyn i gof fotiffau llên gwerin yn ymwneud
â chamgyhuddo gwragedd (megis Rhiannon yn y Mabinogi
gynt). Ceir, fodd bynnag, ymdrech i brofi dilysrwydd y stori
ym mrawddeg olaf y teitl, 'Yr hyn a fu mewn lle elwir
Rukensdorff pentre Silesia', ond er hynny y mae nodweddion
fformiwlaig y naratif ac arddull ddiffwdan uniongyrchol y
dweud hefyd yn awgrymu mai addasiad o chwedl werin yw'r
gerdd:

> Gwrandewch ofnadwy Ystori hynodol
> O farwol ddrwg a fu,
> Am Wraig o berchen ar ddau Fachgen,
> Caen filen diben du,
> Yr Ifenge ar fore ar frys a droche,
> Mewn Twb ddalie ddŵr,
> Ar hynna aethe i'r drws i chware,
> Blin oedd ei siwrne yn siŵr,
> Fo aeth o hynny o le a'r Gyllell gyd ag ê
> Yn fuan syrthie fo fynafe,
> Rhoe greulon fonlle gre
> A'i fam yn brysio myned ato,
> Fo wedi syrthio ar sarn
> A'r Gyllell honno aethe drwyddo,
> Er cyffro dat y Carn
> A'i Fam mewn uchel gri o honno tynnodd hi
> Er hynn bu farw yr amser hwnnw,
> A'i Waed fel llanw yn lli,
> Y Wraig o'i hanfodd pan ddepartiodd,
> A syrthiodd yno yn swp,
> Heb gofio'r galon Glân ei foddion,
> Un tirion oedd i'r Twb.

17 Yn ôl y sôn, yr oedd gan y baledwr Owen Griffith (Ywain Meirion)
bocedi fel dwy sach yn ei gôt lle y cadwai ei faledi.

Â'r stori druenus rhagddi yn y penillion nesaf, ac yn y
pennill clo dywed y bardd mai pentref yn 'Waric Seisnig Sîr'
yw Silesia, er i'r teitl gyfeirio at Rukensdorff, sydd o bosibl
yn wall am Reckendorf, tref yn ne'r Almaen. Ymddengys
hefyd nad pentref yw Silesia ond ardal sydd bellach o fewn
ffiniau Gwlad Pwyl, y Weriniaeth Tsiec a dwyrain yr
Almaen. Y mae'r amryfusedd hwn, yn ogystal ag elfennau
fformiwlaig y naratif, yn codi amheuon ynghylch gwirionedd
y stori ac yn brawf diddorol o'r ffin denau rhwng ffaith a
ffuglen sy'n bodoli yn y baledi 'newyddiadurol' hyn.

Boed yn hanesyn gwir neu'n chwedl werin, byddai Elis y
Cowper yn siapio'r straeon dramatig hyn i gyd-fynd â
strwythur cyfarwydd y faled daflennol. Nid mydryddu stori
lafar neu brintiedig yn unig a wnâi Elis, ond gosod arni
stamp y baledwr poblogaidd, lladmerydd a'i hystyriai ei hun
yn gynghorwr moesol yn ogystal ag yn ddiddanwr. Wrth
drafod baledi cyfoes Almaeneg y cyfnod modern cynnar yn
The Shocking Ballad Picture Show (1994), fe'n hatgoffwyd
gan Tom Cheesman o swyddogaeth rybuddiol a didactig
baledi 'arswydus', ac y mae hyn yn berthnasol iawn i faledi
brawychus Elis y Cowper:

> Normally, shocking balladeers presented utterly earnest,
> moral tales of transgression and punishment. Far from
> seeking to entertain, in the sense of amuse or divert,
> they sought to instruct, warn, guide and provide solace
> to their audiences. Dramatising dreaded conflicts,
> articulating moral panics, such performances and texts
> were emphatically didactic, forming part of a deeply
> serious, usually pious and politically conformist
> dimension of popular culture.

O ganlyniad i'r pwyslais moesol hwn, y mae'r modd y
diffinnir y da a'r drwg yn gwbl unplyg a digyfaddawd. Ni
ddangosir cydymdeimlad o gwbl ag unrhyw un sy'n
tramgwyddo yn erbyn safonau ac egwyddorion Cristnogol y

gymdeithas, ni waeth pa afiechyd neu enbydrwydd a oedd wrth wraidd y trosedd. Ac er mwyn sicrhau bod y neges honno'n gwbl eglur i bawb, yn ddieithriad ceir diweddglo yn galw am faddeuant Duw. Ym mhenillion olaf y faled am gyflafan deuluol Silesia, er enghraifft, pwysleisia'r bardd mai diffyg gras a ffydd a fu'n gyfrifol am y marwolaethau, ac yn y pennill hwn sy'n cloi'r faled am anfadwaith Coedana, rhybuddir rhag digio'r Arglwydd:

O'r Tâd or nef olê fo'n cadw'r synhwyre
Fo cyhyd ân dyddie yma ar dir,
Grâs i ni weddïo a diolch am dano,
Yn effro ag i gofio mewn gwir,
A gwilio anfodloni mewn un math o galedi
Rhag digio Duw Celi mawr cu,
Croesawu ceryddon a rotho'r *Iôr* cyfion,
Heb gofio drwg foddion a fu,
Ond yn unig am heddwch a gwir edifeirwch
Daw'r cwbl gwybyddwch i ben,
Pob gwraig gan weddïo'r na bo nhw fel honno
Drwy gwbl ddymuno yna *Amen.*

Y mae'n amlwg ddigon nad newyddiaduraeth ddiduedd na dibynadwy a geir gan y Cowper a'i fod yn dehongli straeon neilltuol drwy gyfrwng ideoleg a choelion cyfredol ei gymdeithas. Ys dywed Tom Cheesman eto:

Ballads generally tell stories of private fates which illustrate (and may also throw into question) public standards of vice and virtue, public notions of crime and appropriate punishment.

Y mae'r agweddau ceidwadol, eglwysgar, brenhingar a phatriarchaidd a welir ym maledi cyfoes y Cowper, felly, yn adlewyrchu safonau a gwerthoedd ei gyfnod. Daw nifer o'r agweddau hyn i'r amlwg mewn baledi lle y byddai Elis, megis golygydd papur newydd heddiw, yn mynegi ei farn ar rai o bynciau llosg mwyaf ymfflamychol y dydd. Pan ddeallodd, er enghraifft, fod yna wragedd 'melltigol' a oedd yn gwerthu eu plant i 'Wlad y Barbariaid dinistriol', ysgogwyd Elis i lunio baled chwerw yn collfarnu'r arfer ac yn condemnio'r mamau'n ddidrugaredd:

> Clywch hanes Gwragedd drwg di-fuchedd
> Aflan ffiedd ciedd câs,
> Gwaeth i moddion na 'nifeiliaid gwylltion,
> Rai pen ryddion a di ras.

Disgrifir yr arfer hwn nid yn unig fel trosedd yn erbyn y babanod diniwed ond fel trosedd a oedd yn llygru natur famol gynhenid y ferch. Ni all y bardd oddef meddwl y gall mam gyflawni gweithred mor anghariadus yn achos ei phlant ei hun, ond cynhyrfir ef yn waeth gan y ffaith nad i ofal Cristnogion diwair y gwerthwyd y bychain, ond i baganiaid Affrica:

> Mae'n drwm gweled Mam mor galed
> Mor ddiystyried o'i ystôr,
> A gwerthu ei phlentyn at bethe anhydyn
> Sy'n draws fyddin draw dros Fôr,
> I fysc paganied drwg i gwnie,
> A'r Ddaear boeth sy'n dduon bethe,
> Rhai a'i hwynebe yn frychion,
> 'Nifeiliaid di ofalon,
> Di garu dynion nag ofni Duw,
> Ffei brwnt i fam Cristnogion,
> Fod mor ddigwilydd galon,
> At bethe chwerwon werthu i chyw.

> Mae'i ffordd a'i trafel achos uchel,
> I finion cornel Affricca,
> I wlad y twllni a'r trueni,
> Heb ronyn ynddi o'r daioni da,

Och a fyned Plant Efengyl,
Obaith tringar i'r fath dreigl,
At hepil drwg anhapus,
O waith ei Mamme rheibus,
Oedd ddrygionus fregus fryd,
Rhyw gywilydd mawr di orphen,
Oedd gwerthu eu cnawd ei hunain,
Na gwneuthur bargen yn y byd.

Gwlad ddiffaith dywyll oedd Affrica yn nychymyg
poblogaidd y ddeunawfed ganrif, a'i phobl, heb Grist i'w
harwain, yn farbariaid colledig. Darlun gwrthun ohonynt a
gawn yma gan Elis y Cowper, yn ''nifeiliaid di ofalon' ac,
mewn baled arall yn ymateb unwaith eto i'r Chwyldro
Americanaidd, fe'i gwelir yn darlunio brodorion Gogledd
America hwythau fel anwariaid creulon. Yn y faled honno
ceisia brofi mai atgas o beth ydyw i Loegr ac America, sy'n
frodyr a chefndryd i'w gilydd, frwydro yn erbyn ei gilydd.
Geilw am heddwch o fewn y teulu Cristnogol hwn, gan
fynnu mai'r brodorion di-Dduw yn unig sy'n ymlid eu
brodyr eu hunain:

Mae'r Indiaid gyferbyn, heb hanes Duw ganddyn
Yn chwerthin mor wrthyn yr aen
I fwrdro'n echryslon eu brodyr un galon
Yn hyllion mor greulon ei graen;
Cyrph dynion yn pydru, gerbron ac yn braenu
Heb un dyn i'w claddu modd clir
A'i sawyr aneiri, ar droue yno'n drewi
Ar ôl cael ei tor yno o'r Tîr!
A Gwragedd yn noethion hyd wylltir yn wlltion
Yn llymion yn weddwon am Wŷr;
A'r plant heb ei ym[g]leddu na neb i'w dilladu
Heb feddu lle i gysgu yn ddi gur!

Bwriad y darluniau negyddol hyn o bobl Affrica a brodorion
America oedd brawychu'r gynulleidfa a chadarnhau bod eu

gwerthoedd Cristnogol hwy yn rhagori ar bob math arall o ddiwylliant a chrefydd. Ond sylwer nad er mwyn lladd ar bobloedd eraill y cyflwynid y darluniau hyn, ond yn hytrach er mwyn pwysleisio drygioni'r rhai a oedd yn dewis ymwrthod â'u hegwyddorion Cristnogol. Yn y faled am werthu plant i Affrica, y mae'r baledwr yn ffieiddio'n waeth at y mamau 'rheibus' nag at baganiaid Affrica. Wedi'r cyfan, yn nhyb y Cowper, nid oedd gan bobl Affrica mo'r help am eu cyflwr: eu hanffawd hwy oedd eu bod yn trigo yng ngwlad y 'twllni a'r trueni' nad oedd wedi ei goleuo gan Gristnogaeth. Ar y llaw arall, nid oes dim a all esgusodi ymddygiad cywilyddus y mamau – 'Ffei brwnt i fam Cristnogion' – oherwydd iddynt werthu eu cnawd eu hunain i'r fath 'bethe anhydyn'. Yn y faled sy'n darlunio brodorion America hithau, prif amcan y bardd oedd collfarnu Lloegr ac America am dorri'r cariad brawdol Cristnogol a oedd rhyngddynt. Y maent felly mor golledig â'r 'Indiaid . . . heb hanes Duw ganddyn'.

Y mae llais awdurdodol y baledwr i'w glywed yn eglur yn y baledi hyn, ac y mae hynny'n gwbl nodweddiadol o faledi'r traddodiad taflennol. Nid oes modd dianc rhag neges foesol a didactig y cerddi wrth i'r baledwr geisio arwain a chynghori'r gwrandawyr yn ogystal â'u difyrru. Y mae arddull y baledi hyn, hyd yn oed, fel pe bai'n adlewyrchu safiad moesol y bardd. Nid barddoniaeth seml a geir, ond penillion hirfaith ar alawon cerddorol cymhleth, megis 'Belisle March' a 'Ffarwel Trefaldwyn', sy'n gofyn am linellau amlgymalog, odlau mewnol a chyflythrennu trwchus. Yn ogystal, byddai'r bardd yn rhoi sylwedd ac awdurdod i'w ddadleuon drwy gyfeirio at ddelweddau a hanesion beiblaidd a fyddai'n gyfarwydd i'w gynulleidfa. Gwelir enghraifft bellach o fynegiant gorchestol a chyfeiriadaeth feiblaidd baledi'r Cowper yn y pennill hwn sy'n cloi baled am y modd y llofruddiodd merch o Ddyffryn Conwy ei baban newydd-anedig. Fe'i cenid ar yr alaw 'Duw Gadwo'r Brenin':

Ond gresyn na chawse'r hen *Solomon* ynte,
Roi drwyddi hi gledde llym glas,
Fu ganddo fo'n barnu rhwng ddwy butain hynny,
Un oedd am ei rannu'n ddi-râs,
'R hon oedd yn fam iddo ni fyne mo'i ddarnio,
Ond ei roddi fo i honno yno o hyd,
Gwaeth ydoedd *Mary* nag un or ddwy rheini,
Fel gallwn iawn brofi ryw bryd,
Y merched glan gwamal cymerwch bawb ofal,
Mae hyn i chwi'n siampal rhag sen,
Os hitiwch chwi lithro yn gyfan gwnewch gofio,
Gochelwch ei mwrdro nhw *Amen.*

Canu mawreddog a goddrychol yw hwn, ond gallai Elis y
Cowper hefyd ganu baledi llai ffuantus o lawer mewn dull
sy'n efelychu'r faled lafar draddodiadol yn hytrach na'r faled
daflennol. Gan amlaf, cenid baledi llafar ar alawon symlach,
megis 'Anodd Ymadael' neu 'Mentra Gwen', ac y mae'r
mynegiant yn fwy uniongyrchol a chryno, megis arddull yr
Hen Benillion. Gan mai bodoli yn y cyfrwng llafar a wnâi
baledi o'r fath, y mae yma batrymau mydryddol ac ailadrodd
i gynorthwyo'r cof. Yn ogystal, gan nad yw'n perthyn i'r byd
masnachol, nid oes yr un pwyslais ar gyfoesedd y
digwyddiadau na'r un manylder graffig, ac nid yw llais y
baledwr i'w glywed mor eglur. Yn hytrach, adroddir y stori
mewn dull amhersonol, heb fawr o ymhelaethu nac
addurniadau barddol.

Gwelwn Elis y Cowper yn mabwysiadu'r dull hwn o
gyflwyno naratif mewn baled yn adrodd 'Fel y darfu i ŵr yn
agos i'r Bala dagu ei wraig newydd briodi ai bwrw i Afon
Dyfrdwy' i'w chanu ar yr alaw 'Anodd Ymadael':

Clywch hanes anghynnes o broffes go brudd
Am ddyn melltigedig, caiff ddirmyg rhyw ddydd,
Oedd newydd briodi, drygioni rhy gas
A'i gwnaeth ô yn un ffiedd, mor rhyfedd ddi-ras.

Dyma destun brawychus arall, ond y mae'r naws storïol wrthrychol yn wahanol i'r adroddiadau newyddiadurol a drafodwyd eisoes. Yn lle cynnig sylwadau estynedig ar ddrygioni'r llofrudd, canolbwyntir ar adrodd hanes y digwyddiad yn gryno:

> Yn Llandrillo yn Edeyrnion bu'r creulon ddyn croes,
> Hwn oedd Robert Gruffudd anufudd mewn oes;
> Priododd gymdoges, mae ei hanes ô'n hyll
> O waith ei fradwreth, bu'n ddiffeth ei ddull.
>
> Un wythnos bu'n briod, mawr syndod trwm sydd
> Wrth gofion ei fileindra, fe gri pob grudd;
> Rhôi'r cythraul i'w galon ddrwg swynion yn siŵr
> Pan daflai ei wraig ffyddlon, weddi dirion i'r dŵr.
>
> Fe'i hudodd tros Ddyfrdwy, ofnadwy fu'r nod,
> Yn enw rhyw neges, mae'r hanes dan rod;
> Pan aeth at yr afon, rhyw swynion rhy serch,
> Fe wasgodd yn arw ei gwddw yna'n gerth.
>
> Ar ôl ei mygu a'i llindagu yno'n dynn
> Fe'i taflodd yn fuan i lydan ddwfn lyn,
> A hithe yno sudde dan donne yn y dŵr
> A'i gwely ar y gwaelod o ganfod ei gŵr.

Y mae dylanwad y traddodiad llafar yn amlwg ar y faled hon, yn symlrwydd y naratif a'i ddilyniant cronolegol, yn yr ailadrodd ysgafn ('swynion'), ac yn y pennill clo sy'n ymatal rhag pregethu'n ormodol ynghylch drygioni'r gŵr creulon. Nid yw llais y baledwr awdurdodol yn ymyrryd â'r naratif o gwbl ac y mae'n gadael i ddigwyddiadau'r stori ei hun bwysleisio ei neges foesol. Gellir dychmygu'n hawdd faled o'r fath yn trosglwyddo o fyd y faled daflennol brintiedig i fyd y faled lafar.

Dengys y faled hon hyblygrwydd y bardd wrth iddo addasu arddull y mynegiant i ateb gofynion y stori dan sylw.

Bedd Argraph Elis Roberts neu [143]
Elis y Cowper
yr hwn a fu farw yn y flwyddyn 1789 –

– Byr a thoddiad –
Coffhâd (o Gariad Geiriau) am Elis
molwyd ei Ganiadau
Prydydd oedd; parod iw ddyddiau
Uwch law miloedd a chlwm eiliau
Cyson Arwr eu Synwyrau
Rhoï ddewr Awen ar Ddyriau
Ond er Dydd a Deynydd Doniau
Gwawl gwir – na ddiengir Nydd Angau
          Thos Edwards ai cant 1789

Gwilym Owain o Lundain, Awdwr y Geirlyfr,
a gymerodd daith i Gymru yn y Gwiliau 1789,
ag yn Nôl gellau damwainiodd iddo gyfarfod
gyda Thos Edwards o'r Nant – Gwilym a
bortreiodd lilun y Bardd a Thos a unaeth
iddo yr Englyn canlynol.
Peradur brodur Brydain – ardderchog
  Urdd orchest dra chywrain.
Cynnydd canu Cymru cain.
Glwm awydd; Gwilym Owain.
          Thos Edwards ai cant

18 Beddargraff Elis y Cowper gan Twm o'r Nant, 1789
(LlGC, Llsgr. Cwrtmawr 35B, t. 143).

Daw'r hyblygrwydd hwnnw i'r amlwg hefyd o edrych ar y ffurfiau llenyddol eraill a ddefnyddid gan y bardd, megis yr anterliwt, y garol, neu'r ymddiddanion cellweirus ynghylch priodi. Dylid cofio, felly, mai un wedd ar ganu'r bardd yn unig a archwiliwyd yn yr ysgrif hon a bod lle i astudiaethau pellach ar ei waith yng nghyd-destun hanes cymdeithasol a llenyddiaeth boblogaidd y ddeunawfed ganrif.

Er gwaethaf rhagfarnau gwŷr llên yn ei erbyn, profodd Elis y Cowper lwyddiant difesur fel llenor poblogaidd ar lawr gwlad, a hanfod poblogrwydd ei faledi newyddiadurol oedd eu cyfoesedd a'u hamrywiaeth. Darparodd destunau di-rif ar bynciau amrywiol, anturus ac arswydus, ac yr oedd hefyd yn ymwybodol o wahanol gyweiriau'r faled. Gallai arddangos technegau barddol cymhleth wrth ganu am fawredd Duw a phechod dyn ar y naill law ac efelychu cynildeb y faled lafar ar y llall. Ond cenir pob un o'r baledi hyn â'r un afiaith ac arddeliad, yr un afael gref ar iaith idiomatig liwgar, sy'n golygu nad 'dawn ymdafodi, ac ymserthu'n fustlaidd ddrewedig anaele', chwedl Goronwy Owen, a oedd gan Elis y Cowper, ond dawn y baledwr poblogaidd i adrodd chwip o stori dda afaelgar.

DARLLEN PELLACH

F. G. Andersen, O. Holzapfel, T. Pettitt (goln), *The Ballad as Narrative: Studies in the Ballad Tradition of England, Scotland, Germany and Denmark* (Odense, 1982).

Tom Cheesman, *The Shocking Ballad Picture Show: German Popular Literature and Cultural History* (Oxford, 1994).

J. H. Davies, *A Bibliography of Welsh Ballads Printed in the Eighteenth Century* (London, 1911).

G. G. Evans, *Elis y Cowper* (Caernarfon, 1995).

Tegwyn Jones, 'Brasolwg ar y Faled Newyddiadurol yng Nghymru cyn y Cyfnod Argraffu', *Canu Gwerin*, 25 (2002).

Alan Llwyd, *Goronwy Ddiafael, Goronwy Ddu: Cofiant Goronwy Owen 1723–1769* (Cyhoeddiadau Barddas, 1997).

Dafydd Owen, *I Fyd y Faled* (Dinbych, 1986).

Thomas Parry, *Baledi'r Ddeunawfed Ganrif* (Caerdydd, 1935).

Siwan Rosser, *Y Ferch ym Myd y Faled* (Caerdydd, 2005).

David Willis, *Corpws Hanesyddol yr Iaith Gymraeg 1500–1850* (2004) <http://people.pwf.cam.ac.uk/dwew2/hcwl/hafan.htm> cyrchwyd yn Ebrill 2007.

THEATR GENEDLAETHOL CYMRU: HANES DATBLYGIAD HUNANIAETH DDRAMATAIDD YN Y GYMRU FODERN

Anwen Jones

'Now who wants to form a Welsh theatrical company?'

Wales (1894)

Ym mis Mawrth 2003 codwyd y llen ar olygfa newydd yn hanes theatr Cymru pan lansiwyd theatr genedlaethol newydd trwy gymorth chwistrelliad ariannol o £750,000 gan Gyngor Celfyddydau Cymru. Sefydlwyd pwyllgor llywio ar gyfer y cwmni a gwnaethpwyd datganiad clir o'i nodau a'i amcanion: arddull theatr gyffrous a chyfoes wedi ei sylfaenu ar draddodiad theatrig Cymru ac ar ei diwylliant; rhaglenni gwaith yn cynnwys amrywiaeth o *genres*; darpariaeth o gyfleoedd ar gyfer hyfforddiant a datblygiad gyrfaol; sefydlu enw da i'r cwmni ac i ddrama wedi ei chynhyrchu yng Nghymru ar y llwyfan drama ryngwladol; gwaith newydd yn yr iaith Gymraeg; sicrhau bod y cynyrchiadau yn hygyrch i'r gynulleidfa ehangaf bosibl.

Ym mis Ebrill 2004 camodd y cwmni i'r llwyfan cenedlaethol am y tro cyntaf gyda chynhyrchiad teithiol o ddrama Gymraeg wreiddiol Meic Povey, *Yn Debyg Iawn i Ti a Fi*. Ers hynny y mae wedi cyflwyno arlwy amrywiol o ddramâu gwreiddiol gan awduron profiadol a dramodwyr cymharol ddibrofiad, cyfieithiadau ac addasiadau, gan gynnwys *Tŷ ar y Tywod*, *Diweddgan*, *Plas Drycin*, *Esther*, addasiad o *Cysgod y Cryman* gan Islwyn Ffowc Elis yn ogystal â'i gyd-gynhyrchiad diweddar o *Porth y Byddar* gyda Clwyd Theatr Cymru. Er gwaethaf ymffrost Cyngor Celfyddydau Cymru a brwdfrydedd y cast, y cyfarwyddwr Cefin Roberts ac aelodau o'r cyhoedd, ni chafodd y cwmni yr un croeso gan yr ymarferyddion a'r ysgolheigion theatraidd hynny a honnai fod theatr genedlaethol yn amherthnasol i'r byd amlddiwyll-iannol, amlgyfryngol sydd ohoni. Y mae'r ymateb cymysg hwn yn codi cwestiynau diddorol iawn ynghylch cyd-destun hanesyddol y cysyniad o theatr genedlaethol yng Nghymru. A ydyw ymddangosiad y cwmni newydd hwn – y pumed ymgais i wireddu breuddwyd a ymddangosodd gyntaf dros ganrif yn ôl – yn brawf nad yw Cymru eto wedi canfod canol llonydd ei bywyd cenedlaethol? Gellid dadlau mai'r hyn sy'n peri bod ymgorfforiad diweddaraf theatr genedlaethol Cymru mor gyffrous yw'r ffaith ei bod hi'n cydnabod y cyswllt parhaol rhwng gorffennol, presennol a dyfodol y genedl a'r theatr genedlaethol Gymreig.

Gellir olrhain yr ymgyrch i sefydlu theatr genedlaethol yng Nghymru i 1894, pan gyhoeddwyd y gwahoddiad brwdfrydig 'Now who wants to form a Welsh theatrical company?' yn *Wales: The National Magazine for the Welsh People*. Ymddengys mai Owen M. Edwards oedd awdur yr alwad hon a hi oedd man cychwyn yr ymgyrch am theatr genedlaethol yng Nghymru. Erbyn troad y ganrif yr oedd David Lloyd George wedi cipio'r awenau o ddwylo Edwards. Ar lwyfan Eisteddfod Genedlaethol Bangor, 1902, traddododd anerchiad yn galw ar Gymru i gefnogi drama a fyddai'n cyfoethogi bywyd deallusol y genedl. Ond Thomas Evelyn Scott-Ellis, yr wythfed Arglwydd Howard de Walden, biau'r anrhydedd am roi cnawd ar esgyrn y weledigaeth hon a sicrhau i Gymru ei theatr genedlaethol gyntaf.

Hawdd deall paham y disgrifiwyd de Walden gan y wasg gyfoes fel 'fairy god-father of the stage'. Ym mis Ionawr 1914 nodwyd ei fod yn paratoi arbrawf theatraidd hynod. Erbyn diwedd y mis yr oedd wedi sefydlu cwmni theatr genedlaethol cyntaf Cymru, sef Cwmni y Chwareuwyr Cymraeg. Ar 30 Ionawr, yn swyddfeydd Messrs Richard a Morris, Cyfreithwyr, Stryd Fawr, Caerdydd, ffurfiwyd y cwmni hwn yn swyddogol. Dewiswyd bwrdd rheoli o saith aelod a hysbysebwyd yn y wasg am actorion. Cychwynnodd y cwmni ar ei daith gyntaf gyda chyfres o berfformiadau yn y Theatr Newydd, Caerdydd, yng nghanol Mai 1914, lle y cyflwynwyd arlwy gwefreiddiol yn cynnwys *Ar y Groesffordd* a *Ble Ma Fa?* gan D. T. Davies, *Change* a *The Poacher* gan J. O. Francis, a *Pont Orewyn* gan de Walden ei hun. Darparwyd y setiau gan Theatr yr Haymarket, Llundain, penodwyd yr actor comedi Cymraeg, Ted Hopkins, yn rheolwr ar y cwmni, ac arolygwyd yr ymarferion gan de Walden, J. O. Francis a J. Tanad Powell, a oedd eisoes wedi cael profiad o fynd ar daith gyda chwmni a ffurfiwyd gan Naunton Davies o Lantrisant. Yr oedd Tanad Powell ei hun, Gwilym Williams, Gwilym Phillips, T. O. Williams, David Morgan, David Hughes, Lizzie Evans, Betty Wyn, Rhuamah Rhys a Janet Evans ymhlith yr actorion.

Yr oedd de Walden eisoes wedi dechrau cynllunio ar gyfer y fenter hon ym 1911 pan gynigiodd wobr eisteddfodol o £100 i'r ddrama Gymreig orau:

In pursuance of the scheme to establish a Welsh National Dramatic company, a prize of £100, with other advantages, is offered for the best play, in Welsh or English, suitable for such a company. The subject may be of any period – ancient, modern or a 100 years ahead – so long as it deals with things Welsh – dream, facts or fantasies, history, legend or grim realities.

Yr oedd yn bendant ei farn fod yn rhaid i'r cynigion ymdrin â phrofiadau Cymreig, ac yr un mor bendant y dylent fod yn destunau theatraidd a ysgrifennwyd ar gyfer eu perfformio. Gwyddai fod meithrin to newydd o ddramodwyr ifainc ymroddedig i'r ddrama fel ffurf gelfyddydol, genedlaethol yn hollbwysig i lwyddiant unrhyw gwmni theatr genedlaethol, a hynny am fod ei fryd, yn y pen draw, ar y perfformiad ei hun. Iddo ef, yr oedd y ddrama yn ddim mwy na rhan o gyfanwaith theatraidd a welai ei awr anterth ar lwyfan cenedlaethol.

Fel y dengys y cnwd o ddramâu arloesol a ysbardunwyd gan abwyd ariannol de Walden, yr oedd dramâu yn cael eu hysgrifennu, ond yr oedd hefyd yn amlwg nad oedd dramodwyr yn deall gofynion y llwyfan, sef y potensial a'r problemau a oedd ynghlwm wrth lunio testun a fyddai'n sail i berfformiad byw. Yn aml, ni châi'r gynulleidfa Gymreig ddim amgenach na drama gantata. Nid oedd Elidir Sais, golygydd *Y Brython*, ymhell o'i le pan gyfeiriodd at y briodas anghymharus rhwng cerddoriaeth a drama: 'if the music be good, many dramatic blemishes are thereby condoned'. Chwiliai de Walden am fath newydd o destun a fyddai'n deilwng o'i berfformio yn fyw gerbron cynulleidfa genedlaethol, testun a fyddai, yn ei eiriau ef, yn addas 'for the repertory of a Welsh national dramatic company touring Wales'.

Atebwyd ei alwad gan nifer o ddramodwyr ifainc o blith rhengoedd dosbarth-canol addysgedig y wlad, gan gynnwys D. T. Davies, R. G. Berry a J. O. Francis. Dengys sylwadau gohebydd papur newydd a welodd berfformiad y cwmni drama cenedlaethol o *Change* yng Nghaerdydd ym 1914 fod Francis wedi llwyddo i saernïo testun theatraidd a fwriadwyd i'w berfformio yn fyw gerbron cynulleidfa theatr yn hytrach na'i ddarllen yn unig. Derbyniwyd *Change* fel drama fodern a oedd yn dathlu'r hyn a ddisgrifiwyd gan Ioan Williams fel y trawsffurfiad o'r hen Gymru Galfinaidd i wlad newydd wedi ei chryfhau gan addysg ddwyieithog a chynnydd cymdeithasol. Ond nid pwnc ac arddull *Change* oedd yr unig bethau newydd; yr oedd awydd brwd y gynulleidfa i weld y ddrama yn hytrach na'i darllen yr un mor ffres. Meddai'r gohebydd:

> *Change* is a significant piece of work. It portrays a stage in Welsh life . . . a change in outlook and sentiment which is destined to leave lasting marks on the nation. And it could have been portrayed in no other way. We had to have it visualised.

Ymddengys fod yr hyder newydd a amlygwyd wrth i'r genedl achub ar gyfleoedd yr oes fodern wedi esgor ar ysfa am ddull gweledol newydd o gyflwyno a blasu profiadau cenedlaethol trwy gyfrwng y wefr o gyfrannu i berfformiad theatraidd cyhoeddus.

Buan y daeth hi'n amlwg fod y cyfle newydd hwn yn dod â her yn ei sgil. Os oedd y genedl am weld taflunio delwedd ohoni ei hun gan gwmni cenedlaethol, byddai'n rhaid iddi ymgymryd â'r grefft newydd o hunanfeirniadaeth, yn ogystal â dysgu derbyn beirniadaeth o'r tu allan. Yng ngeiriau J. O. Francis: 'The old Welsh motto "Y gwir yn erbyn y byd" means that we must tell the truth not only against the world but, what is worse, against ourselves.' Tynnodd Llewelyn Williams AS yntau sylw at ddiffyg profiad y Cymry yn y maes hwn:

> Up to now the beauty of Welsh life has been that it is unconscious of its own virtues and defects. A Welshman will always pride himself upon the possession of qualities which don't seem to be admirable to people outside. The real reason is that the Welsh have been without standards. They have no fiction nor drama [sic] to hold the mirror up to life. Now for the first time they are going to be shown themselves as they appear to be. How this will affect the Welsh nation it is impossible to say. They have never had self-criticism, so it is impossible to say what will happen. One thing is certain. The national life of Wales will never be the same after this.

Yn yr adroddiadau cyfoes sy'n croniclo ymateb cynulleid-faoedd Abertawe i ymweliad chwaraewyr cenedlaethol de Walden â'r ddinas, dadlennir yr anawsterau a wynebai'r sawl a geisiai lunio delwedd o Gymru a fyddai'n dderbyniol i'r genedl gyfan neu i garfanau sylweddol o'i thrigolion. Gwnaethpwyd cryn dipyn o waith hysbysebu ac ennill cefnogaeth i'r cwmni newydd yn Abertawe. Yn un o'r papurau dywedwyd bod cefnogwyr y cwmni wrthi yn 'scouring land and sea in search of supporters'. Cafwyd ymweliad swyddogol gan Granville Harley Barker, un o hoelion wyth yr ymgyrch gyfatebol yn Lloegr, a lluniwyd maniffesto yn galw ar drigolion y ddinas i 'march abreast of the times by supporting the Welsh Drama'. Apeliai'r

maniffesto at deyrngarwch cenedlaethol, a gofynnwyd i bobl
o dras Gymreig, neu a chanddynt gydymdeimlad â Chymru,
ddatgan eu cefnogaeth i'r ymdrech Gymreig i ganfod
ardderchowgrwydd y traddodiad theatraidd cenedlaethol.
Cythruddwyd llawer gan yr hyfdra hwn oherwydd ei fod, yn
eu tyb hwy, yn creu argraff camarweiniol o gefnogaeth
unfrydol i achos y ddrama a'r theatr Gymraeg. Yr oedd eu
gwrthwynebiad yn rhesymol i'r graddau bod cefnogwyr y
maniffesto o'r farn y byddai menter ac iddi wedd
wirioneddol gymunedol yn fwy tebygol o lwyddo nag
ymdrechion arwrol gan unigolion. Amlygodd Owen
Rhoscomyl beryglon gweithredu yn unigol:

> If one man came running to this Welsh drama alone, like
> a voice crying in the wilderness, the busy crowd might
> pass by because it was nobody's business but that one
> man's. If, however, a sufficient number of *representative*
> men of Wales came together . . . suspicion would be
> disarmed.

Mynnai pleidwyr y maniffesto – athrawon, gweinidogion,
golygyddion papurau newydd ac uchel-siryfiaid – eu bod yn
cynrychioli'r farn gyhoeddus ac yn barod i ysgwyddo'r baich
cymdeithasol o arwain Cymru i fyd anturus y theatr
genedlaethol. Ond yr oedd ei gwrthwynebwyr, ar y llaw
arall, yn gweld yr holl beth fel ystryw ddigywilydd i liwio'r
farn gyhoeddus. Yr oedd y cynnwrf a achoswyd gan yr
ymgyrch yn Abertawe yn brawf o'r ffaith fod Cymru yn
cychwyn ar gyfnod newydd pan fyddai dulliau modern o
gyfathrebu ac o weithredu ar brawf. Yn y pen draw, nid y
maniffesto oedd y mwyaf trawiadol o'r rhain ond y cwmni
theatr cenedlaethol ei hun.

   Yn raddol, daeth y cwmni cenedlaethol yn ganolbwynt
proses o ailgloriannu gwerthoedd traddodiadol ar y llwyfan
ac oddi arni. Er gwaethaf y ffaith fod y capel wedi colli ei
frwydr yn erbyn y ddrama erbyn hyn, gwingai selogion

crefyddol wrth dystio i ddylanwad y ffurf newydd hon ar drafodaeth ddramataidd. Gwawdiwyd ymweliad y cwmni ag Abertawe fel hyn gan un gohebydd papur newydd:

> Next week has been appointed 'The Holy Week' of the drama. On Sunday next, we suppose, prayers will be offered in our churches and chapels for a blessing upon the promoters, actors and scene shifters, Mrs Price and Lisa Ann and the rest who rally around the Welsh drama. Prayer meetings, services . . . will be suspended, that the ministers, deacons . . . and young people may gather within the 'hallowed walls' of the Grand Theatre.

Hawdd cydymdeimlo â'r tinc o baranoia a leisir yma, o gofio sylwadau J. O. Francis ei hun ynghylch poblogrwydd y ddrama a'r theatr yng Nghymru rai blynyddoedd yn ddiweddarach. Rhyfeddai Francis at frwdfrydedd dramataidd y genedl. Synnai wrth weld cynifer o bobl a oedd dan y chwyddwydr, ac yn amlach na pheidio dan y lach yn ei ddramâu, yn heidio i berfformio ynddynt! Yng Nghymru, meddai, 'the children act; the colliers act; the shepherds act; the quarrymen act; the students act – and, not to be outdone, the deacons act as well'.

Wrth i'r genedl ymroi i'r proses o'i harddangos ei hun trwy gyfrwng theatr genedlaethol, daeth yn amlwg fod yr ymdeimlad o hunaniaeth genedlaethol yn dryfrith o anghysondebau a gwrthgyferbyniadau a ddeilliai o safle israddol Cymru mewn cyd-destun Prydeinig ac o'i statws neu ei diffyg statws fel un o genhedloedd dihanes Friedrich Engels. Un o'r anawsterau a amlygwyd gyntaf oedd y gwrthdaro rhwng y Cymry Cymraeg a'r Cymry di-Gymraeg. Cyfaddefodd J. O. Francis ei hun yn ei ragair i *Crosscurrents*: 'written altogether in English, this play must, I know, have now and then an awkward air'. Ymosodwyd arno yn hallt gan J. Tywi Jones am ysgrifennu yn Saesneg. Nid Francis oedd yr unig un i'w dargedu am resymau ieithyddol. Beirniadwyd y

cwmni cenedlaethol am hysbysebu yn Saesneg ac am
gynhyrchu rhaglenni uniaith Saesneg. Siarsiwyd Arglwydd de
Walden gan Gwynfe Beriah Evans fel hyn:

> Ein hawgrym ni i Arglwydd Howard de Walden fyddai
> hyn: perffeithied ei Gymraeg, a dechreued yn y pentrefi
> o'i gwmpas alw ynghyd rhai a fedrant ffurfio cwmni
> drama, a cheisio ganddynt ddysgu dramodau Cymraeg,
> nid rhai Saesneg, ac fe gynorthwya drwy hynny i adfer y
> Gymraeg a bywyd goreu Cymru yn ei ardal. Gallai
> wneud gwasanaeth gwerthfawr i Gymru pe cymerai y
> cynllun hwn.

Dengys y math hwn o feirniadaeth bwysigrwydd hanfodol
iaith yng nghyd-destun yr ymdrech i ddiffinio hunaniaeth
Gymreig, ynghyd â mynegiant yr hunaniaeth honno trwy
gyfrwng theatr genedlaethol. Ond yr oedd brwydr yr iaith
ynghlwm wrth ornest arall rhwng, ar naill law, y sawl a
welai'r ddrama a'r theatr genedlaethol fel modd o achub y
Gymraeg a'r gymdeithas gynhenid Gymraeg, ac, ar y llall, y
sawl a fynnai weld y ddrama a'r theatr yng Nghymru yn
tyfu'n gelfyddyd gywrain a allai gystadlu gyda'r gorau yn
Ewrop.

Maes y frwydr hon fyddai llwyfannau theatr amatur a
phroffesiynol Cymru, ond gohiriwyd y frwydr tan ddiwedd y
Rhyfel Byd Cyntaf pan gafwyd argyfwng rhyngwladol a ddaeth
â chyfnod cyffrous yn hanes y theatr genedlaethol yng
Nghymru i ben. Yn ôl adroddiadau yn *Y Faner*, yr oedd ymron
gant o gwmnïau amatur yn weithgar yng Nghymru ar
ddechrau'r ugeinfed ganrif. Rhoes y rhyfel daw ar y
gweithgarwch hwn am gyfnod, ond buan yr ailgyneuwyd y
mudiad amatur, a chyn bo hir yr oedd llu o gwmnïau bychain
yn britho Cymru. Grwpiau o amaturiaid ymroddedig oedd y
rhain, yn perfformio yn y Gymraeg mewn neuaddau pentref
ac ysgoldai ar gyfer cynulleidfaoedd lleol yn bennaf. Cynhelid
wythnosau drama lleol a bu cystadlu brwd rhwng gwahanol

19 Cast 'Dic Siôn Dafydd: Drama Gymreig' gan J. Tywi Jones.

gwmnïau amatur ledled y wlad. Ond er gwaethaf poblogrwydd y math hwn o adloniant, gresynai llawer at safon isel y deunydd a gyflwynwyd, a'r dulliau o'i gyflwyno. Drwgdybiai Saunders Lewis y term 'drama bentref' ac ofnai ei bod yn rhoi lloches i flerwch a diglemdod. Yn ei dyb ef, 'an incompetent drama has no more right to a thatched home in a Welsh village than to a marble theatre in Athens'.

Yn amlach na pheidio, amddiffynwyr y theatr amatur oedd y rhai cyntaf i gyfaddef bod elfennau amrwd a naïf yn perthyn i'w gwaith. Ni chywilyddiai J. Tywi Jones wrth ddatgan ei gred nad oedd angen drama o safon yng Nghymru. Dramâu bychain, cartrefol a fynnai ef, a pha raid i'r rheini fod yn llenyddol o gwbl? Dengys ei ragair i'w ddrama *Dic Sion Dafydd* ei amcanion wrth gyfansoddi drama. Fe'i cyfansoddodd ar gais pobl ifainc y Glais, ac fe'i cyhoeddwyd ar eu traul eu hunain a'i pherfformio un ar ddeg o weithiau dan ei arolygiaeth ef. Ymhyfrydai yn y ffaith nad oedd cynnwys y ddrama yn llygru neb, a'i bod, yn hytrach, yn ennyn yn y bobl ifainc 'gariad at eu hiaith a'u gwlad, ynghyd ag awydd i ymgydnabyddu â llenyddiaeth eu cenedl'. Er i D. T. Davies honni bod *Dic Sion Dafydd* yn 'striking example of how not to write a play', daliai Jones i gredu bod ei ddrama yn cyflawni cenhadaeth gymdeithasol a chenedlaethol effeithiol.

Er gwaethaf anniddigrwydd Davies ynghylch cyflwr amrwd y ddrama yng Nghymru, dengys canmoliaeth Saunders Lewis i *Ephraim Harries*, drama a berfformiwyd yn Abertawe ar 24 Hydref 1919, fod safonau yn codi o ganlyniad i anogaeth a chefnogaeth de Walden:

> In all the Welsh plays I had seen or read previous to last night the interest has been, I confess, only in the experiment, in noting the tentative efforts of our writers to accustom themselves to a new form. It was the interest of watching a pupil scanning a new instrument, and trying what sound he might draw from it. But when Mr D. T. Davies wrote *Ephraim Harries*,

he fashioned a work of art, something which has not a relative importance, a merely historical interest, but a separate and independent value – an interest for its own sake and in its own right. As emphatically as I may, I wish to salute a work of genius, and for me the beginning of Welsh drama dates from last night's performance of this play by Dan Matthews's company.

Tair blynedd yn ddiweddarach – ym 1922 – gwelwyd datblygiad trawiadol arall yn hanes y theatr genedlaethol yng Nghymru pan lansiwyd cwmni cenedlaethol newydd o'r enw Welsh National Dramatic Company. Nid de Walden a oedd yn llywio'r fordaith hon ond yn hytrach gynrychiolwyr o Gymmrodorion Caerdydd: yr Athro Morgan Watkin, Syr William James Thomas, J. Saunders Lewis, a Dan Matthews (rheolwyr llwyfan), T. W. Thomas (rheolwr busnes), D. T. Davies (darllenydd), Tim Evans, ARCA (arlunydd), John Thomas (trysorydd) a W. I. Jones (ysgrifennydd). Nod y fenter hon oedd mynd â'r ymgyrch i greu theatr genedlaethol i gyfeiriadau daearyddol a chelfyddydol newydd. Gellid dadlau bod ei newydd-deb yn gyfrifol, i raddau helaeth, am ei methiant. Lansiwyd y cwmni gyda pherfformiad o *Y Dieithryn*, drama fer gan D. T. Davies, a drama hwy o eiddo Saunders Lewis, sef *Gwaed yr Uchelwyr*. Ceir awgrym yn adroddiadau'r papur newydd ar y perfformiad agoriadol hwn yn Neuadd y Dref, Caerdydd, ar 13 Mai, fod yma ymdrech i gyflwyno drama genedlaethol mewn arddull fentrus, ond dengys yr un adroddiadau hefyd nad oedd fawr o groeso i feiddgarwch y cwmni newydd hwn. Cyhuddwyd y rheolwyr llwyfan, Saunders Lewis a Dan Matthews, o amaturiaeth am iddynt ddewis cyflwyno'r dramâu mewn arddull gwrth-naturiolaidd:

'Amateurish' was written large across the whole affair; there was a total lack of scenery . . . (Imagine a farmhouse and a public house with only drapings for a

background, and an early 19th century lass wearing
patent 20th century shoes, with rouged cheeks and
pencilled eyelashes.) These were real blemishes which
the promoters of the Welsh drama movement must
eradicate if it is to be rescued from ridicule.

Gan fod y gohebydd am weld cyflwyno ac actio naturiol a
naturiolaidd, bu'n canmol cast *Y Dieithryn*, sef Dan
Matthews, Isaac L. Davies a Marion Lewis, Pontarddulais, a
Philip J. Jenkins, Tylorstown, ar draul cast *Gwaed yr
Uchelwyr*. Diau bod y cwynion am yr or-ddibyniaeth ar
ddeialog ffurfiol a'r elfen statig yn nrama Lewis yn deg, ond y
mae'n debyg i 'capital trifle' D. T. Davies blesio oherwydd ei
bod yn cyflwyno sefyllfa gyfarwydd mewn modd naturiol ac
felly'n rhyddhau'r dychymyg cenedlaethol o'r baich o orfod
cyfrannu yn uniongyrchol at y fenter greadigol o anadlu
bywyd i'r ddrama. Rhagflaenwyd y feirniadaeth hon gan
sylwadau pigog yn y *Cambrian Daily Leader* a oedd yn
ategu'r farn fod y cysyniad o genedlaetholdeb yn un plwyfol.
Beirniadwyd 'spasmodic national spirit' dinas gosmopolitaidd
Caerdydd a honnwyd na fyddai'n llwyddiannus yn ei
hymdrech i ddiwreiddio'r ddrama genedlaethol o Abertawe a
chanolbarth Cymru. Cyhuddwyd Cymmrodorion Caerdydd o
siarad yn uchelgeisiol ac y mae'n debyg mai eu huchelgais a
oedd wrth wraidd eu hamhoblogrwydd. Ymddengys nad oedd
gweddill Cymru yn ddigon aeddfed i gefnogi'r ymdrech i
gyflwyno safonau theatraidd Ewropeaidd i fyd y ddrama.
    Pa mor gyndyn bynnag oedd cynulleidfa *Gwaed yr
Uchelwyr* i gael ei llusgo yn ei blaen, yr oedd eraill o blaid
gosod safonau amgen yng Nghymru. Os nad oedd modd
disgwyl i theatr genedlaethol gyflawni'r dasg honno,
byddai'n rhaid sefydlu corff arall i lenwi'r bwlch. Drwy
sefydlu Undeb y Ddrama Gymraeg ym mis Mai 1927
cafwyd ymgais i greu fframwaith cenedlaethol a fyddai'n
codi safonau ledled y wlad. Nod yr Undeb oedd cyfuno holl

waith y mudiad amatur dan un ambarél, gan feithrin safonau uchel. Gyda'r Arglwydd de Walden yn Llywydd, dyma oedd rhaglen waith yr Undeb:

Darparu cymorth a hyfforddiant i aelodau a chryfhau eu cysylltiadau â drama yn gyffredinol.
Cefnogi sefydlu cwmnïau newydd.
Cynnal gwyliau tebyg i'r Wyl Ddrama Brydeinig yn Lloegr.
Trefnu cyrsiau addysgiadol a chynadleddau.
Hyrwyddo astudiaeth drama ar lefel uwchradd a thrydyddol yng Nghymru.
Trefnu ffyrdd o hyrwyddo defnydd ac argaeledd anghenion sylfaenol y llwyfan ar gyfer aelodau.
Cyhoeddi llyfryn swyddogol dwyieithog.
Gosod seiliau ar gyfer cwmni drama cenedlaethol.
Annog diddordeb mewn sefydlu theatr genedlaethol Gymraeg yn y dyfodol a braenaru'r tir ar gyfer hynny.

Rhoes Gwernydd Morgan fynegiant effeithiol i'r gobeithion a oedd ynghlwm wrth y fenter hon drwy ddarlunio'r Undeb fel cronfa a fyddai'n diffinio ac yn hyrwyddo safonau cyffredinol; byddai hynny yn ei dro yn arwain yn naturiol at sefydlu theatr genedlaethol:

Bu llawer o siarad beth amser yn ôl am gael Chwaraeudy Cenedlaethol i Gymru, ond mae'r peth fel pebai wedi ei anghofio erbyn hyn. Mynnai eraill i'r Ddrama Gymreig aros yn ei heiddilwch. Dywedant mai 'drama'r pentref' ydoedd y ddrama Gymreig i fod. Credwn ninnau y dylasai'r pentre gael y ddrama ar ei goreu, ac yn sicr trwy gymorth y chwaraeudy y ceir hynny. Pe ceid Undeb Genedlaethol o holl gwmnïau a dramodwyr y wlad, gwelid yng Nghymru, Chwaraeudy Cenedlaethol yn y dyfodol agos.

Daliai'r pwyslais i fod ar wireddu breuddwyd de Walden o sicrhau cwmni cenedlaethol. Hwyrach nad oedd yr Undeb yn debygol o lwyddo, ac yntau, mewn gwirionedd, yn ddim amgen na modd anuniongyrchol o gyrraedd y nod hwnnw, ond teg fyddai dweud iddo gyflawni nifer o'i amcanion tymor byr, megis darparu cyrsiau hyfforddiant mewn ysgol ddrama yn Llanfairfechan a chroesawu'r actores enwog o Loegr, Ellen Terry, i Gaernarfon i draddodi cyfres o ddarlithoedd ar grefft y theatr. Sefydlwyd hefyd gyfnodolyn newydd dan y teitl *Llwyfan* a fwriadwyd fel modd o fynegi, yn Gymraeg ac yn Saesneg, 'the opinions, aims, and ideals of any person or groups of persons interested in the art of drama in Wales'. Ond rhaid cyfaddef hefyd ei fod, yn ystod ei oes fer, wedi codi sawl hen grachen yn hanes y frwydr i sefydlu theatr genedlaethol yng Nghymru. Fe'i cyhuddwyd o ddangos diffyg gwladgarwch ac o wrth-Gymreictod, ac ym 1930 honnodd *Y Faner* ei fod ar ei wely angau oherwydd iddo geisio cyfuno'r hyn na ellid ei gyfuno, sef y Gymraeg a'r Saesneg.

Ni chipiwyd y gwynt o hwyliau'r Arglwydd de Walden gan fethiant yr Undeb. I'r gwrthwyneb, aeth ati gyda'i ddygnwch arferol i sefydlu cwmni cenedlaethol newydd a lansiwyd ar 26 Ionawr 1933. Yn ôl D. R. Davies, camodd aelodau o Gwmni Chwaraedy Cenedlaethol Cymru (fel y'i disgrifiwyd mewn rhaglen ar gyfer perfformiad o'r *Gainc Olaf* yn Theatr David Lewis, Lerpwl) i'r llwyfan am y tro cyntaf yn ystod seremonïau cyhoeddi Eisteddfod Genedlaethol Castell-nedd. Llwyfannodd y cwmni ddau gynhyrchiad yn ystod y flwyddyn honno a chasglwyd ynghyd grŵp o actorion amatur ar gyfer taith genedlaethol. Ymhlith dramâu eraill, perfformiwyd *Y Gainc Olaf* gan T. Gwynn Jones a W. S. Gwynn Williams, *The Story of Bethlehem* (drama fud) a *Pwerau'r Nos* gan Stephen Williams, a *Treftadaeth*, addasiad o *The Soldier and the Gentlewoman* gan Hilde Vaughan. Erbyn diwedd y flwyddyn yr oedd gan y cwmni ddyledion o £1,300 ac yr oedd de Walden yn dod yn fwyfwy ymwybodol o'r angen dybryd am gwmni cenedlaethol, proffesiynol a pharhaol:

[We require] some small body of players and artists who are whole-time workers. Every country possesses such an organisation, for better or for worse, but Wales has nothing of the kind. Our attempt is to provide a certain constant body acquainted with, but always learning, the technique of the theatre, and to whom interested amateurs can always apply for information. In fact, it is to be a workshop where those who are interested can learn the very open secrets of the trade.

Yr oedd y ffaith i'r cwmni newydd lwyfannu ei gynhyrchiad cyntaf o ddrama cyfrwng Saesneg, *A Comedy of Good and Evil* gan Richard Hughes, yn Theatr y Celfyddydau, Llundain, yn hytrach nag yng Nghymru, yn amlygu gwedd arall ar y broblem hon, sef diffyg canolfan barhaol. Yr oedd arloeswyr ym maes y theatr genedlaethol, megis O. M. Edwards a de Walden ei hun, wedi cydnabod yr her o ddarparu ar gyfer poblogaeth wasgaredig o'r cychwyn cyntaf. Dengys papurau D. R. Davies i'r Arglwydd de Walden geisio mynd i'r afael â'r broblem drwy ymchwilio i'r posibilrwydd o godi theatr symudol ar gyfer cynulleidfa o fil. Ond erbyn y 1930au ceid ymdeimlad cynyddol yng Nghymru y dylai theatr genedlaethol gael cartref teilwng a pharhaol. Mewn erthygl a gyhoeddwyd yn *Y Ddraig Goch* ym mis Medi 1926 dadleuodd J. Iorwerth Williams fod codi neu sicrhau chwaraedy yn hanfodol i dwf y ddrama a'r theatr genedlaethol yng Nghymru. Yr oedd cyfeiriad Gwernydd Morgan – wrth drafod potensial Undeb y Ddrama Gymraeg – at *chwaraedy* yn hytrach na chwmni cenedlaethol yn ategu'r un dyhead am leoliad sefydlog, ond gan Idwal Jones y cafwyd y diffiniad gorau o'r berthynas ddelfrydol rhwng chwaraewyr a chwaraedy cenedlaethol. Mewn erthygl yn *Cambria* ym 1932, honnodd Jones fod y ddrama Gymraeg fel 'merlyn mynydd, ifanc, hoyw yn methu tynnu ei gerbyd ymlaen oherwydd ei fod ef a'i gerbyd yn ceisio croesi cors' a hynny am nad oedd yng Nghymru 'ganolbwynt dinesig, na chwareudy, na chwareuwyr chwaith heb ddim ond y ddrama yn brif ddiddordeb eu bywyd'.

Yng nghyd-destun y ddadl hon, bu penderfyniad de Walden i leoli ei gwmni newydd ym Mhlas Newydd, Llangollen, yn galonogol. Ar farwolaeth Miss Sarah Ponsonby, yr olaf o'r ddwy feistres ym Mhlas Newydd, daeth y plas yn eiddo i nifer o bobl wahanol. Ychwanegwyd adain orllewinol iddi gan y Cadfridog John Yorke a'i prynodd ym 1854. Codwyd adain ddwyreiniol a phlannwyd gerddi ffurfiol gan H. R. a G. H. F. Robertson o Lerpwl wedi iddynt hwythau brynu'r tŷ ym 1890. Yr oedd y tŷ bellach yn cynnwys dwy neuadd, saith ystafell dderbyn, un ar ddeg o ystafelloedd gwely, yn ogystal â lle ty i weision, cyfleusterau chwarae tennis a chroce, a thri thŷ gwydr. Ar farwolaeth Iarll Tankerville, y perchennog preifat olaf, ym 1932, prynwyd yr eiddo gan y Cyngor Dosbarth a'i agor i'r cyhoedd am y tro cyntaf ar 25 Mai 1933. Ymgartrefodd y Welsh National Theatre Company yn yr adain orllewinol.

20 Plas Newydd, Llangollen (darlun allan o gasgliad William M. Condry).

21 Cwmni Chwaraedy Cenedlaethol Cymru ym Mhlas Newydd, Llangollen, 1934.

Yr oedd yr argoelion yn addawol. Datganodd y cwmni ei fwriad i lwyfannu *Cwm Glo*, drama ddadleuol Kitchener Davies a oedd wedi ei chydnabod yn gampwaith yn Eisteddfod Genedlaethol 1934, ond nad oedd wedi ei gwobrwyo oherwydd i'r pwyllgor farnu na fyddai'r un dyn byw ym mhabell yr Eisteddfod am weld ei ferch ei hun yn chwarae'r brif ran. Y cwestiwn mawr oedd: a oedd gan Gymru o'r diwedd gwmni cenedlaethol sefydlog a oedd yn fodlon wynebu her George Bernard Shaw drwy gynnig delwedd o'r genedl a oedd nid yn unig yn ddewr ac yn ddiflewyn ar dafod ond hefyd yn driw i anian y genedl? Gwaetha'r modd, ni lwyfannwyd *Cwm Glo*. Yn hytrach, dewiswyd rhaglen amrywiol yn cynnwys cyfieithiadau, addasiadau a gweithiau gwreiddiol Cymraeg. Erbyn i Meriel Williams gipio awenau swydd y gyfarwyddwraig o ddwylo Evelyn Bowen, yr oedd tuedd y cwmni i berfformio yn Saesneg yn unig yn hytrach nag yn ddwyieithog wedi cythruddo llawer. Mynegodd Cynan rwystredigaeth llawer o'r Cymry:

> Rhag cywilydd na alwer lle o'r fath yn 'Genedlaethol' nac yn 'Gymreig'. Pa rhyfedd na fynn y mwyafrif mawr o'n cwmnïau Cymraeg ddim ag ef? Pa rhyfedd fod eu noddwyr haelionus yn ddiweddar wedi gorfod yn gyhoeddus ddatgan eu siom na fyddai iddo gefnogaeth y genedl? Y mae'n rhy hwyr ar y dydd i unrhyw sefydliad 'cenedlaethol' dalu'r ffordd yng Nghymru ac yntau yn diystyru'r Gymraeg.

Efallai fod sylwadau difrïol Meriel Williams ynghylch poblogrwydd y ddrama ar draul barddoniaeth yng Nghymru wedi lliwio barn Cynan i raddau. Efallai hefyd fod ei barn hi ohono fel un o'r bobl wybodus hynny, 'sydd yn gymaint awdurdod ar bopeth ynglŷn â'r ddrama nad oes mwyach ddim ganddynt i'w ddysgu', yn deg. Eto i gyd, anodd peidio â chydnabod bod sail gref i gwynion Cynan. Pan gynhaliwyd cyfarfod cyhoeddus uniaith Saesneg yn Lerpwl er mwyn

denu actorion Saesneg eu hiaith i gymryd rhan mewn
addasiad o waith gan Hofmannstahl dan arweiniad y
cyfarwyddwr medrus Stefan Hock, bu cryn feirniadu:

> Cyfarfod digri oedd hwn, a dysgais i, beth bynnag, na
> fynn y Chwareudŷ Cenedlaethol fod yn Gymreig. Nid
> trwy gael cwmni o Gymry a Saeson i chwarae drama
> Almeinaidd dan gyfarwyddyd Awstriad (er bod y
> boneddwr hwnnw yn well Cymro . . . na lluaws o
> Gymry Lerpwl – yn ôl pob golwg) y gyrrir y ddrama
> Gymraeg ymlaen.

Mewn erthygl yn *Llwyfan*, cylchgrawn Undeb y Ddrama
Gymraeg, ym 1927 yr oedd Ifan Kyrle Fletcher wedi annog y
genedl i ymgyfarwyddo â 'certain confusions occasioned by
the state of bilingualism in the country'. Nid tasg hawdd fu
honno ac nid oes unrhyw amheuaeth na fu i'r cyfryw
'confusions' chwarae eu rhan ym methiant ail ymdrech de
Walden i sefydlu theatr genedlaethol. Rhoddodd y cwmni ei
berfformiad olaf yn Aberdâr ym 1939 a daeth de Walden i'r
casgliad nad oedd y genedl yn rhannu ei awydd ef i sefydlu
theatr genedlaethol yng Nghymru.

O ail hanner yr ugeinfed ganrif ymlaen, bu Cyngor
Celfyddydau Prydain yn arwain y gad yn hanes yr ymgyrch i
sefydlu theatr genedlaethol yng Nghymru. Dan nawdd
Pwyllgor Cymreig y Cyngor Celfyddydau Prydeinig cafodd
Cymru y theatr genedlaethol fwyaf blaengar a llwyddiannus
yn ei hanes hyd yma, sef Cwmni Theatr Cymru. Ond cyn
cyrraedd dyddiau dedwydd y cwmni hwnnw, bu'n rhaid
goresgyn sawl rhwystr. Yn yr adroddiad a gyhoeddwyd gan
Bwyllgor Cymreig Cyngor Celfyddydau Prydain ym 1959–60,
disgrifiwyd Cymru fel 'a country of small towns' ac yr oedd
yn bur amlwg fod natur wasgaredig y boblogaeth a phrinder
canolfan ddiwylliannol wrth wraidd y 'problem that is
Wales'. Erbyn canol yr ugeinfed ganrif yr oedd y cyhoedd yn
unfryd y dylai Cymru ddianc unwaith ac am byth rhag yr

argyfwng a gododd gyntaf yng nghyfnod yr anterliwtiwr poblogaidd Twm o'r Nant, sef prinder llwyfannau cyhoeddus ar gyfer gweithgaredd dramataidd byrlymus. Os oedd y theatr yng Nghymru i ddatblygu, byddai'n rhaid darparu ar ei chyfer. Ym 1959, mewn ymgais i ymateb i'r her hon, ffurfiwyd Ymddiriedolaeth Dewi Sant gan grŵp o wirfoddolwyr ymroddedig a oedd yn cynnwys Arglwydd Aberdâr, yr actor Clifford Evans, Saunders Lewis, y Cadfridog C. G. Traherne, y pensaer Elidir Davies a'r cyfreithiwr Ben Jones.

Prif amcan yr Ymddiriedolaeth oedd sefydlu theatr genedlaethol a fyddai'n deilwng o'r genedl ac yn feithrinfa i'r sgiliau celfyddydol a gweithredol a fegid ganddi. Aeth yr Ymddiriedolaeth ati i wireddu ei gweledigaeth. Cafwyd addewid gan Gyngor Caerdydd o dir rhwng y castell ac afon Taf, a chomisiynwyd y pensaer Elidir Davies i gynllunio theatr newydd ar gost o hyd at £300,000. Lluniodd Davies gynllun o adeilad a oedd yn cynnwys theatr ar gyfer 900 o

22 Model a wnaed gan y pensaer Elidir Davies ym 1961 o'r Theatr Genedlaethol y bwriadwyd ei chodi rhwng Castell Caerdydd ac afon Taf.

bobl, llyfrgell, oriel gelf, tŷ bwyta, ystafelloedd ymarfer, a theatr lai ar gyfer myfyrwyr. Cynlluniwyd awditoriwm y brif theatr ar lun gwyntyll, gyda balconi bychan yn y cefn. Gellid defnyddio'r llwyfan mewn tair ffordd: fel ffrâm bocs canolog gydag ardal troelli, fel llwyfan agored gyda chefnlen addurniedig parhaol, neu fel llwyfan cyngerdd gyda'r gynulleidfa o boptu fel bod nifer y seddi yn cynyddu i 1,200. Yr oedd Davies yn gwbl hyderus y byddai'r theatr yn un o'r goreuon yn Ewrop:

> I have seen many theatres and I am convinced that this is going to be the most exciting of all . . . The theatre must be open at all times – it must live from 10 o'clock in the morning. It must remain open at all times, like churches and cathedrals, because it belongs to the people.

Er bod brwdfrydedd ac ynni'r Ymddiriedolaeth yn heintus, erbyn mis Mawrth 1961 yr oedd yr Athro Gwyn Jones yn lleisio anniddigrwydd y Pwyllgor Cymreig oherwydd:

> There appears to be no desire from interested organisations to obtain the specialised knowledge of the Arts Council, a unique and unrivalled body. We do not charge for information.

At hynny, cododd anawsterau technegol ynghylch perchenogaeth y tir a addawyd i'r Ymddiriedolaeth gan Gyngor Dinas Caerdydd. Yn raddol, daeth yn amlwg fod yr Ardalydd Bute, perchennog y tir perthnasol, wedi ei gyflwyno yn rhodd i'r Eglwys Gatholig ac nad oedd ganddo'r awdurdod, felly, i'w drosglwyddo i'r Ymddiriedolaeth. Ym mis Hydref 1962 dywedodd Clifford Evans fod lleoliad newydd, yn Blackweir, ger y Coleg Technegol, bellach wedi ei glustnodi ar gyfer y theatr. Cyfaddefodd y byddai'n rhaid edrych eilwaith ar gynlluniau Davies, ond yr oedd yn ffyddiog y gellid glynu wrth y freuddwyd wreiddiol:

It will need Wales's loyalty, its respect and support,
every village, every town, every county. Every artist and
craftsman working in the St David's Theatre will have
to deserve this – and it is a grave responsibility. We
need to start with an act of Faith; and we have Faith in
Wales. There is a great task ahead of us. If we are
united, and refuse to lower our values, I am confident
that Wales in time will have one of the finest National
Theatres in Europe.

Geiriau gobeithiol oedd y rhain, ond bu'r her o gydweithio a
chyfaddawdu yn ddraenen angeuol yn ystlys y fenter. Pan
aeth Elidir Davies ati i gynllunio theatr amlbwrpas newydd a
fyddai'n costio £500,000 ac yn dal naill ai 800 neu 1,400 o
bobl trwy ymgorffori dyfais a allai godi a gostwng y nenfwd
yn fecanyddol, cododd y Pwyllgor Cymreig ei lais i rwystro'r
prosiect rhag mynd rhagddo. Dan arweiniad yr Athro Gwyn
Jones a Dr Roger Webster, gwrthwynebwyd cynlluniau'r
Ymddiriedolaeth ar sail ymarferoldeb. Asgwrn y gynnen, yn
ôl pob sôn, oedd y gwahaniaeth hanfodol rhwng gweledigaeth
yr Ymddiriedolaeth o theatr genedlaethol amlbwrpas ac
uchelgeisiol – 'a Rolls Royce factory' – ac agwedd y Pwyllgor
Cymreig y byddai Morris Minor yn gwneud y tro i Gymru.

Rhaid cyfaddef bod ofnau'r Pwyllgor na ellid denu mwy
na rhyw ddau y cant o boblogaeth Caerdydd i'r theatr, ac na
fyddai modd cynnal theatr genedlaethol o ganlyniad, yn
ddigon rhesymol. Yr oeddynt hefyd yn wyliadwrus ynghylch
costau rhedeg theatr a oedd yn debygol o gyrraedd y swm
brawychus o £100,000 y flwyddyn. Ar y llaw arall, dengys
adroddiadau'r Pwyllgor Cymreig yn y cyfnod hwn nad oedd
eu haelodau yn ymroddedig i gynlluniau a gobeithion yr
Ymddiriedolaeth o'r cychwyn cyntaf. Deil Elan Closs
Stephens fod y Pwyllgor wedi rhoi'r gorau i unrhyw fwriad i
godi theatr genedlaethol, bach neu fawr, yng Nghaerdydd
erbyn 1959. Yn nhyb Stephens, yr oedd yr *Housing the Arts
in Wales: Report of the Committee of Enquiry set up by the*

Welsh Committee of the Arts Council of Great Britain, yn adroddiad llipa ac annheilwng. Hawdd deall amheuon ac ofnau cynnar y Pwyllgor ynghylch codi theatr, ond anos yw dirnad y diffyg brwdfrydedd llwyr a ddangoswyd ganddo wedi hynny, yn enwedig o gofio iddo ennill ei annibyniaeth o'r Cyngor Prydeinig ym 1953 ar sail y ffaith fod angen llais a phwyllgor annibynnol ar gyfer 'a nation with its own language and way of life'.

Beth bynnag oedd cymhellion y Pwyllgor Cymreig, taniodd cynlluniau'r Ymddiriedolaeth drafodaeth wresog ynghylch y syniad o theatr genedlaethol yng Nghymru. Bu'r deinameg rhwng Cyngor Dinas Caerdydd, yr Ymddiriedolaeth a'r Pwyllgor Cymreig yn hynod gythryblus ac aeth yr Henadur Lincoln-Hallinan mor bell â'i ddisgrifio fel '[a] deplorable scene of hostility and rancour'. Lledaenodd yr anghytuno ymhellach. Ofnai rhai carfanau y byddai theatr a sefydlid yng Nghaerdydd yn gyfyngedig o safbwynt ieithyddol a chymdeithasol, ac yr oedd nifer o sefydliadau diwylliannol eraill Cymru, megis y Cwmni Opera Cenedlaethol, yn ystyried uchelgais yr Ymddiriedolaeth yn fygythiad i'w dyfodol hwy. Cyn i'r ddadl gyrraedd ei huchafbwynt, penderfynodd y Pwyllgor Cymreig ddefnyddio ei rym gwleidyddol i wasgu'r gwaed o wythiennau'r Ymddiriedolaeth. Ym 1962 cyhoeddodd y Pwyllgor ei fwriad i roi terfyn ar y polisi o ariannu teithiau gan gwmnïau amrywiol a'i fod o blaid creu un cwmni cenedlaethol parhaol. Ar yr un pryd, trodd y Pwyllgor Cymreig ei gefn ar y gobaith o sefydlu canolfan sefydlog ar gyfer theatr genedlaethol yng Nghymru.

Ym 1962 sefydlwyd y Welsh Theatre Company – 'a national theatre ensemble serving directly, in active performance, the whole of Wales' – a rhoddwyd iddo waddol ariannol o £20,000 y flwyddyn am y tair blynedd gyntaf. Drwy sefydlu'r cwmni hwn, sefydlwyd hefyd yr egwyddor o ddefnyddio arian cyhoeddus er mwyn hybu buddiannau

diwylliannol y genedl, egwyddor a fyddai'n sicrhau
goruchafiaeth cyrff llywodraethol dros fudiadau neu grwpiau
gwirfoddol, pa mor egnïol bynnag eu hymdrechion. Er
gwaetha'r ffaith i'r cyfarwyddwr Warren Jenkins gyfaddef
mewn adroddiad ar gynnydd y cwmni ym 1965 fod diffyg
llety parhaol yn faen tramgwydd sylweddol, gwrthododd
gefnogi cynlluniau'r Ymddiriedolaeth. Bu sôn ym 1969 am
gynlluniau ar gyfer safle newydd ar gornel Stryd y Bont yng
Nghaerdydd, ac wedi hynny yng Ngerddi Soffia, ond erbyn
hynny yr oedd yr Ymddiriedolaeth wedi rhoi'r gorau i'w
brwydr i sicrhau dyfodol hirdymor i theatr genedlaethol yng
Nghymru. Bwriadwyd i'r Welsh Theatre Company berfformio
yn gyson yn Gymraeg a Saesneg, ond dim ond pedwar
cynhyrchiad cyfrwng Cymraeg a lwyfannwyd ganddo rhwng
1962 a 1965. Bu'r diffyg hwn yn ysbardun i sefydlu chwaer
gwmni, sef Cwmni Theatr Cymru. Yr oedd y pedwar
cynhyrchiad cyfrwng Cymraeg y llwyddodd y Welsh Theatre
Company i'w llwyfannu yn ganlyniad i gydweithredu rhwng
y BBC a'r cwmni. Yn wir, cyfaddefodd Jenkins mai'r BBC a
fu'n bennaf cyfrifol am gyflwyno perfformiadau proffesiynol
modern i bobl Cymru am y tro cyntaf. Aelod o staff y BBC,
Wilbert Lloyd Roberts, oedd cyfarwyddwr y cwmni newydd,
Cwmni Theatr Cymru, a bu perthynas y cwmni â'r BBC yn
allweddol i'w lwyddiant.

Ym mhapurau Archif Cyngor Sir Gwynedd nodir bod y
BBC yn ystod chwedegau'r ugeinfed ganrif wedi hyrddio'r
theatr amatur yng Nghymru i faes dieithr proffesiynoldeb.
Galwai'r BBC am gorff o actorion proffesiynol a allai
ddarparu cynnyrch o safon cenedlaethol. Ymatebodd Wilbert
Lloyd Roberts i'r alwad, ond llwyddodd i sicrhau
annibyniaeth Cwmni Theatr Cymru ar yr un pryd. Ffynnodd
y cwmni dan ei arweiniad ac aeth ei lwyddiant law yn llaw â
methiant y Welsh Theatre Company. Buasai'r cwmni
hwnnw'n clafychu'n raddol am rai blynyddoedd wrth i'r naill
gynhyrchydd ar ôl y llall ymddiswyddo. Yn eu plith yr oedd

23 Jonathan Nefydd a Mared Swain mewn cynhyrchiad o *Tŷ ar y Tywod*, Ebrill–Mai 2005 (ffotograff: Warren Orchard, trwy garedigrwydd Theatr Genedlaethol Cymru).

Warren Jenkins, Gareth Morgan, Richard Digby Day, Elspeth Walker ac Ian Watt Smith. Daeth hynt a helynt y cwmni i ben yn derfynol ym 1978 o ganlyniad i doriadau cyllidol sylweddol. Yn y cyfamser yr oedd Cwmni Theatr Cymru yn mynd o nerth i nerth. Ym 1968 gadawodd Wilbert Lloyd Roberts y BBC er mwyn bod yn gyfarwyddwr amser llawn ar y cwmni. Llwyddwyd i gyflawni pob un o'r meini prawf a osodwyd gan Gyngor y Celfyddydau yn ystod y cyfnod hwn trwy ddarparu 'a worthy national theatrical product, suitable accommodation and an ethos of co-operation at a national level'. Erbyn 1972 datblygwyd adain fentrus Theatr yr Ifanc, meithrinfa gyfoethog ar gyfer prif weithgaredd y cwmni.

Dwy flynedd yn ddiweddarach sefydlodd y cwmni ei fwrdd rheoli ei hun. A'r cwmni'n ddigartref, comisiynwyd Sean Kenny i ddylunio theatr foethus symudol y gellid ei chodi gan bum dyn mewn wyth awr, ac a oedd yn ddigon mawr i ddal cynulleidfa o 350 yn gysurus. Yr oedd hefyd sibrydion ar led y gellid codi theatr yng Nghaerdydd a chanddi 750 o seddau. Yn y pen draw, ni wireddwyd y naill gynllun na'r

24 Julian Lewis Jones a Nia Roberts mewn cynhyrchiad o *Esther*, Ebrill–Mai 2006 (ffotograff: Catherine Ashmore, trwy garedigrwydd Theatr Genedlaethol Cymru).

llall, ond bu penderfyniad y cwmni i gipio rheolaeth ar Theatr Gwynedd yn fodd o gyrraedd cyfaddawd rhwng yr angen i gynnal adnoddau cyfredol a'r ysfa i sicrhau cartref parhaol i gwmni cened-laethol yng Nghymru.

Bu Cwmni Theatr Cymru yn llwyddiant ysgubol ond, yn eironig ddigon, drwy sefydlu Adran Antur ym 1975 gwelwyd nifer o aelodau beiddgar a brwdfrydig yr adain honno yn cefnu ar y fam gwmni ac yn crwydro i feysydd theatraidd amgenach. Chwaraeodd prinder cyllid ei ran hefyd yn y proses o brysuro tranc y cwmni ac erbyn 1984, er gwaethaf ymroddiad y gyfarwyddwraig Emily Davies, caewyd ei ddrysau am y tro olaf. Gellid dadlau i'w dranc gydfynd â chychwyn cyfnod ôl-fodernaidd yng Nghymru yn sgil twf cwmnïau arbrofol ac ymylol megis Brith Gof a Chwmni Bara Caws. Trosglwyddwyd ymroddiad Cwmni Theatr Cymru i'r proses o ymchwilio i ddiwylliant a hunaniaeth y genedl ac o gynnal y diwylliant hwnnw i rai o'r cwmnïau newydd ac arbrofol hyn. Serch hynny, y mae'r ffaith fod Theatr Genedlaethol Cymru wedi ei sefydlu ar drothwy'r unfed ganrif ar hugain yn awgrymu bod Cymru fodern am lynu wrth y syniad o genedl trwy gynnal theatr genedlaethol, ganolog. Deil Deborah Parsons, mewn erthygl ar gyfansoddiad yr 'euro-city', mai blaengarwch yn hytrach na diffyg menter sydd wrth wraidd yr ysfa hon. Dywed Parsons fod y dull arbennig o hunanymwybyddiaeth a hyrwyddir gan Ddeddf Ewrop Sengl 1987, drwy hybu perfformio hunaniaeth unigol yn gyhoeddus, yn cryfhau hunaniaeth gyffredinol. Onid dyma gamp theatr genedlaethol a *raison d'être* Theatr Genedlaethol Cymru? Byddai'n dda meddwl bod sefydlu'r theatr hon ar drothwy'r ail fileniwm yn arwydd bod Cymru yn ymgymryd ag amodau bywyd modern trwy gyfrwng gweithgaredd theatraidd, gan gyfrannu o'r newydd at y proses a ddisgrifiwyd gan Gwyn A. Williams fel the 'Welsh making and re-making of themselves'.

DARLLEN PELLACH

David Adams, *Stage Welsh: Nation, Nationalism and Theatre: The Search for Cultural Identity* (Llandysul, 1996).

Geraint Talfan Davies a John Osmond, *The Birth of Welsh Democracy: The First Term of the National Assembly for Wales* (Caerdydd, 2003).

Hywel Teifi Edwards, *Codi'r Hen Wlad yn ei Hôl: 1850–1914* (Llandysul, 1989).

O. Llewelyn Owain, *Hanes y Ddrama yng Nghymru* (Lerpwl, 1948).

Roger Owen, *Ar Wasgar: Theatr a Chenedligrwydd yn y Gymru Gymraeg, 1979–1997* (Caerdydd, 2003).

Deborah Parsons, 'Nationalism or Continentalism: Representing Cultural Heritage for a New Europe', yn Andy Hollis (gol.), *Yearbook of European Studies: Beyond Boundaries: Textual Representations of European Identity*, cyf. 15 (Amsterdam, 2000).

Elan Closs Stephens, 'A Century of Welsh Drama', yn Dafydd Johnston (gol.), *A Guide to Welsh Literature: c.1900–1996* (Caerdydd, 1998).

Gwyn A. Williams, *When was Wales?* (Llundain, 1985).

Ioan Williams, *Y Mudiad Drama yng Nghymru, 1880–1940* (Caerdydd, 2006).

Ioan Williams, 'Towards National Identities: Welsh Theatres', yn Peter Thomson (gol.), *The Cambridge History of British Theatre* (3 cyfrol, Caer-grawnt, 2004), III.

GWEINYDDU CYMRU RHWNG Y DDAU RYFEL BYD

William P. Griffith

Y mae'r aelodau seneddol Cymreig, sy'n sentimentaliaid anymarferol, yn meddwl y bydd popeth yn iawn os ceir eto gadeirydd ac ysgrifennydd i'r Bwrdd Iechyd Cymreig. Fe dawelent hwy wedyn. Fe ysgydwent eu cynffonau fel cŵn bach uwchben asgwrn.

Y Ddraig Goch, 3, Awst 1928

Wrth ystyried patrymau gweinyddol yng nghyd-destun Cymru, try'n diddordeb o gwmpas datganoli. Cyfrifir y 1920au a'r 1930au yn gyfnod cymharol hesb yn hyn o beth, cyfnod pan na chafwyd, fe ymddengys, unrhyw ddigwyddiad arwyddocaol. Wrth gwrs, nid oedd cynnydd yn y galw am ddatganoli nac ym mhenderfyniad y llywodraeth Brydeinig i ganiatáu ad-drefnu gweinyddol yn anorfod. A derbyn hynny, yr hyn a welwyd yn y cyfnod hwnnw oedd ymgais i gysoni'r galwadau amrywiol a gafwyd yn ystod y degawdau cyn 1914 am ddatganoli – neu 'ymreolaeth', a defnyddio gair cyfoes – ac i weithredu yn effeithiol faint bynnag o ddatganoli a ganiatawyd erbyn y flwyddyn honno.

Cyn trafod hyn yn llawn, nodir yn gyntaf y gwahanol fathau o ad-drefnu gweinyddol posibl. Gellir amlinellu pum math o gynllun datganoli, tri eilaidd a dau primaidd, yng nghyd-destun Cymru a'r Deyrnas Unedig.

Cynhwysa'r dosbarth eilaidd:

1. Adrannau 'rhanbarthol' arbennig oddi mewn i weinyddiaethau canolog yn Whitehall, rhai ohonynt â grymoedd gweinyddol ac eraill â grymoedd gweithredol yn unig. Yr oedd y ddau fath hyn yn bennaf yn nwylo gweinyddwyr sifil yn unig.

2. Awdurdodau neu gynghorau 'rhanbarthol' a chanddynt rymoedd wedi eu datganoli gan y canol er mwyn hwyluso gwneud penderfyniadau ar faterion penodol. Yr oedd gan y cyrff hyn rywfaint o gynrychiolaeth gyhoeddus drwy enwebiadau cynghorwyr lleol neu arbenigwyr lleol.

3. Cynghorau ymgynghorol a chanddynt yr hawl i wneud argymhellion polisi i Whitehall. Megis 2., yr oedd ganddynt gynrychiolaeth enwebedig.

Cynhwysa'r dosbarth primaidd:

4. Ysgrifenyddiaeth Wladol ynghyd â swyddfa a gweinyddiaeth sifil benodol yn cynnal llawer o'r grymoedd a ryddhawyd gan weinyddiaethau'r llywodraeth ganol i gyrff 1., 2., neu 3. Meddai'r Ysgrifennydd Gwladol yr hawl i lunio polisi ac i berswadio'r llywodraeth i ddeddfu ar, neu ymarfer, y polisi hwnnw.

5. Cynulliad etholedig yn meddu ar hunanlywodraeth sylweddol o ran materion cartref, gan gynnwys hawliau deddfwriaethol a threthiannol, a'r hawl i sefydlu gweinyddiaeth sifil.

Penllanw'r datblygiadau primaidd, yn y pen draw, fyddai hunanlywodraeth gyflawn, fel a ganlyn:

6. Cynulliad neu senedd etholedig gydag awtonomi eang mewn materion cartref *a thramor*, ond ar yr un pryd yn cadw cysylltiad â llywodraeth ganolog, neu ymerodrol a defnyddio term y cyfnod hwn, megis drwy gydnabod awdurdod y goron. Gelwid hyn yn statws dominiwm yn y 1920au a'r 1930au, megis yr hyn a feddai Gwladwriaeth Rydd Iwerddon ar ôl 1921.

Crybwyllwyd pob un o'r dewisiadau hyn (gan gynnwys 6. hyd yn oed) gan wleidyddion a sylwebyddion o anian wladgarol yng Nghymru – gan fudiad Cymru Fydd, er enghraifft – fel y gwnaed hefyd yn yr Alban ac Iwerddon cyn 1914. Gwaetha'r modd, ni chafwyd consensws ar faint o ddatganoli a fyddai'n ddymunol o safbwynt Cymru. Y mwyaf uchelgeisiol o'r argymhellion oedd ymgais E. T. John, AS Dwyrain Dinbych, ym 1914 i sefydlu Cyngor Cenedlaethol Cymreig ynghyd ag Ysgrifennydd Gwladol yn y Cabinet i ddiogelu buddiannau Cymru (cyfuniad o 4. a 5.). Gwrthodwyd y mesur oherwydd iddo fethu sicrhau cefnogaeth lawn aelodau Cymru, heb sôn am weddill Tŷ'r Cyffredin. Y ffaith amdani yw bod unfrydedd barn ynghylch y math hwn o ddatganoli yng Nghymru yn affwysol o brin, ac felly y bu am ddegawdau wedyn.

Nod E. T. John oedd cydlynu gweinyddiaeth Cymru drwy sefydlu senedd etholedig a chanddi rymoedd deddfwriaethol. Yn ogystal â chael yr hawl i drethu a llunio deddfau, byddai gan y senedd hon y cyfrifoldeb o lywio'r cyrff gweinyddol hynny (sef 1. a 3.) a oedd wedi eu sefydlu gan y llywodraethau Rhyddfrydol ar ôl 1906, yn bennaf drwy ddylanwad David Lloyd George, a oedd erbyn hynny yn un o geffylau blaen mwyaf egnïol y Blaid Ryddfrydol. Ymhlith y cyrff hyn ceid Adran Gymreig y Bwrdd Addysg (1907), y Cyngor Cymreig dros Amaeth (1912) a'r Comisiwn Yswiriant Cymreig (1912). Yn ogystal â'r rhain ceid cyrff (math 2.) a chanddynt ddyletswyddau penodol, megis Comisiwn Henebion Cymru (1912), Comisiwn Penodiadau Cymreig (1912) a'r Bwrdd Canolog Cymreig (1895) a oruchwyliai'r ysgolion canolradd.

25 Edward Thomas John (1857–1931), meistr haearn, gwleidydd ac un o hyrwyddwyr pennaf ymreolaeth i Gymru.

Ar ôl y Rhyfel Mawr ad-drefnwyd nifer o'r cyrff gweinyddol uchod, yn enwedig y Comisiwn Yswiriant a osodwyd dan awdurdod y Bwrdd Iechyd Cymreig (1919). Bu'r ad-drefnu hwn yn rhan o drafodaeth ehangach ynghylch sut i ddiwygio llywodraeth y Deyrnas Unedig. Cafwyd nid yn unig adolygiad o waith a threfniannau adrannau'r Weinyddiaeth Sifil yn San Steffan, ond hefyd drafodaeth ar sut i ddatganoli awdurdod i wledydd Ynysoedd Prydain. Diau mai'r digwyddiadau cythryblus yn Iwerddon oedd y symbyliad i hyn. Ond unwaith eto ni chafwyd unfrydedd barn ynghylch creu cynulliadau etholedig nac ynghylch y grymoedd y dylid eu hymddiried iddynt. Yng nghyd-destun Cymru yn benodol, methodd ei gwleidyddion, ei chynghorwyr a'i gwŷr cyhoeddus gytuno er gwaethaf brwdfrydedd ambell aelod seneddol megis E. T. John neu rai o'r diwygwyr a'r dyngarwyr cymdeithasol elitaidd, y gwladgarwyr Cambriaidd Rhyddfrydol. Gelwir y rhain hefyd yn Radicaliaid Cymdeithasol. Eu nod oedd gweld cymdeithas

26 Syr Daniel Lleufer Thomas (1863–1940), gwladgarwr hirben ac ynad heddwch cyflogedig dros ardaloedd Pontypridd a'r Rhondda rhwng 1909 a 1933.

sifil Gymreig yn datblygu a Chymru yn moderneiddio. Buont yn arloesi cyn 1914 drwy sefydlu a chefnogi cymdeithasau neu fudiadau rhannol swyddogol, megis Ysgol Gymreig y Gwyddorau (1911), ac yn eu plith yr oedd pleidwyr hunanlywodraeth, megis Daniel Lleufer Thomas. Er gwaethaf eu hymdrechion dygn, cawsant yr un ymateb ag a gafwyd yn yr Alban ac yn Lloegr, sef diffyg unfrydedd barn, ac o ganlyniad peidiodd y drafodaeth ar 'Ymreolaeth i Bawb' erbyn 1922.

Tanlinellwyd y methiant hwn yn ddiweddarach gan anallu'r Blaid Seneddol Gymreig, sef grŵp trawsbleidiol o aelodau seneddol Cymreig, i gefnogi mesur preifat gan Murray Macdonald ym 1922 i greu senedd a chanddi ddwy siambr Gymreig. Yr oedd y farn yng Nghymru yn rhanedig. Tybiai rhai, megis Owen Thomas, AS Môn, nad oedd galw am ddatganoli ymhlith y cyhoedd. Dadleuai eraill, megis J. Herbert Lewis a J. Hugh Edwards, y byddai cynulliad i drafod materion cartref Cymru yn unig yn beth dymunol. Yr oedd E. T. John, ar y llaw arall, yn gryf o blaid cael strwythur llawer grymusach, megis yr hyn a roddwyd i Iwerddon ym 1920, sef Gwladwriaeth Rydd yn hytrach na Senedd Gogledd Iwerddon. Credai Lewis mai buddiol o hyd i Gymru fyddai cadw cysylltiad â Lloegr ac y byddai'n rhaid cyfiawnhau datganoli ar sail rhesymau ymarferol ac nid rhai gwladgarol yn unig. Ni fyddai datganoli ynddo'i hun yn tycio oni ddygai fudd amlwg i'r Cymry. Dywedodd Lewis wrth John ei fod yn ffafrio:

anything that emphasises the special needs and outlook of Wales but I want to hold things in their due proportion and if we can get things in common with England the benefit to Wales is solid and substantial. There are some who attach greater importance to some twopenny-halfpenny thing that accrues to Wales alone than an infinitely greater benefit shared by others, but surely such a frame of mind is both selfish and in the end unpatriotic and unpractical.

Yr oedd hefyd ymgyrchoedd eraill a oedd yn hawlio blaenoriaeth y pryd hwnnw. Er enghraifft, cwblhau'r proses o ddatgysylltu a dadwaddoli'r Eglwys Wladol yng Nghymru (1920). Ofnai eglwyswyr y byddai datganoli grym deddfwriaethol i gynulliad Cymreig yn arwain at ymyrraeth yn hynt ysgolion eglwysig. O ganlyniad, llugoer ar y gorau oedd eu hagwedd at ad-drefnu cyfansoddiadol. Yn ail, er gwaethaf – neu, efallai, oherwydd – y colledion difrifol a gafwyd yn ystod y rhyfel, yr oedd y profiad wedi meithrin ymlyniad cadarnach wrth yr Ymerodraeth ac amharodrwydd i'w gwanhau drwy hybu datganoli sylweddol. Yn drydydd, yr oedd y Ceidwadwyr yn bryderus ynghylch pa fath o gynrychiolaeth a gâi Cymru yn y Senedd pe caniateid hunanlywodraeth iddi. A fyddai sefydlu cynulliad Cymreig yn cyfiawnhau glynu wrth yr un nifer o aelodau Cymreig yn Nhŷ'r Cyffredin? At hynny (megis y dadleuon heddiw ynghylch Cwestiwn West Lothian), beth fyddai swyddogaeth yr aelodau seneddol Cymreig? Ai teg fyddai caniatáu iddynt fynegi barn a bwrw pleidlais ar faterion cwbl Seisnig tra oedd cynulliad deddfwriaethol datganoledig yn trafod materion tebyg yng Nghymru? Yn bedwerydd, cododd cwestiwn natur y gynrychiolaeth ei ben, fel y gwnaethai droeon o'r blaen pan geisiwyd sôn am gynulliad neu gyngor etholedig i Gymru. A fyddai'r gogledd yn cael chwarae teg o ran cynrychiolaeth, o gofio maint poblogaeth de Cymru? A fyddai'r ardaloedd gwledig dan anfantais, o gofio dylanwad yr ardaloedd diwydiannol a threfol? O ganlyniad, datblygodd tensiynau ideolegol rhwng y pleidiau a gefnogai ddatganoli, sef y Blaid Ryddfrydol a'r Blaid Lafur. Nid oedd fawr syndod, felly, fod rhwygiadau amlwg wedi dod i'r fei pan wyntyllwyd y mater mewn cynadleddau yng Nghymru (yn Llandrindod yn bennaf) ym 1919–20.

O safbwynt datganoli, felly, yr unig ddatblygiad a gafwyd oedd addasu ac ailwampio'r cyrff gweinyddol a sefydlwyd cyn y Rhyfel Mawr yn unol â'r ad-drefnu gweinyddol a fu yn

y gwahanol adrannau canolog yn Llundain. Yn achos Adran
Gymreig y Bwrdd Addysg, ychwanegwyd at rymoedd yr
Adran yn sgil ymchwiliad pwyllgor a gynhaliwyd dan
Ddeddf Addysg 1918. Ym myd iechyd, yr oedd y sefyllfa yn
llai sicr. Dan Ddeddf y Weinyddiaeth Iechyd 1919 sefydlwyd
Bwrdd Iechyd Cymru ac, ar yr olwg gyntaf, ymddangosai
hyn yn gydnabyddiaeth newydd o hunaniaeth Gymreig ac o
anghenion arbennig Cymru. Trosglwyddwyd y Comisiwn
Yswiriant Cymreig a'i rymoedd i ofal y Bwrdd, ond ni
ddiffiniwyd grymoedd pellach y Bwrdd; dibynnai'r rheini ar
agwedd y weinyddiaeth newydd. Sefydlwyd Cyngor Iechyd
Ymgynghorol i Gymru hefyd er mwyn cynghori'r Weinydd-
iaeth, ond ni chafwyd yr un sicrwydd ynglŷn â pharhad y
corff hwnnw. Adlewyrchai'r amhendantrwydd hwn anallu'r
Blaid Seneddol Gymreig i fynnu rheolaeth gadarnach. O
ganlyniad daeth gwleidyddion Cymru dan y lach.

Rhoddwyd amaethyddiaeth hefyd dan y chwyddwydr yn
sgil y Rhyfel Mawr. Dan amodau Deddf y Weinyddiaeth
Amaeth a Physgodfeydd (1919) sefydlwyd Adran Amaeth
Gymreig, a oedd yn bennaf yn gorff gweithredol nid
gweinyddol, a'i chanolfan yn Aberystwyth. Yn ogystal â hyn
rhoddwyd sail statudol a pharhaol i'r Cyngor Amaeth
Cymreig:

> For the purpose of providing an opportunity for
> discussion of matters of public interest relating to
> agriculture by persons representing the various interests
> of the industry for all parts of the Principality.

Nid corff etholedig oedd hwn, wrth gwrs, a dewisid
chwarter yr aelodau gan y Weinyddiaeth ei hun. Eto i gyd,
yr oedd Syr Arthur Griffith-Boscawen, y Gweinidog Amaeth
ar y pryd a Cheidwadwr o dras Gymreig, yn ffyddiog y
byddai cenhadaeth y Cyngor yn effeithiol. Yng nghyfarfod
cyntaf y Cyngor ym 1919 dywedodd:

The Council was at liberty to discuss any matter of
interest to the agricultural community, and full
consideration would be given by the Ministry to all the
recommendations made with regard to matters
affecting the Department's work in Wales.

Wrth gwrs, ni fyddai ystyried argymhellion yn llawn yn
golygu y byddai'r Weinyddiaeth yn gweithredu neu yn
deddfu'n arbennig ar gyfer Cymru. Yr oedd hyn yn wir am y
berthynas rhwng pob un o'r cyrff gweinyddol neu
ymgynghorol datganoledig yn y cyfnod hwn. Un o ddirgelion
yr oes yw sut y llwyddodd y fath gyrff i ddiogelu rhywfaint o
hygrededd pan oedd rhai gwleidyddion neu adrannau yn
amau eu gwerth a'u bodolaeth. Y mae'n deg dweud bod
Adran Gymreig y Weinyddiaeth Addysg a'r Bwrdd Iechyd
Cymreig ar dir ychydig yn gadarnach oherwydd eu bod yn
adrannau gweinyddol. Yr oedd yr Adran Addysg hefyd wedi ei
lleoli yn Llundain ac yn wahanol i'r Cyngor Amaeth, a oedd
yn gorff ymgynghorol a'i adran weithredol yn Aberystwyth.
Yn y pen draw, beth bynnag oedd eu gwead, yr oedd y cyrff
datganoledig hyn yn annatod glwm wrth eu gweinyddiaethau
canolog, a hwy a benderfynai bolisi, deued a ddelo.
    Cafwyd ymdrechion gan rai gwleidyddion Cymreig rhwng
y rhyfeloedd i ymestyn cyfrifoldebau'r cyrff hyn, gan ddadlau
y dylid trosglwyddo grymoedd dirprwyedig ychwanegol er
mwyn gweithredu'n llawnach bolisïau'r canol a hefyd
gyfrannu at lunio polisi. Yr oedd yr amcanion hyn yn
gymedrol iawn o'u cymharu ag argymhellion E. T. John ym
1914 a'r cynigion a wnaed adeg y trafodaethau pleidiol ym
1919–20. Yr oeddynt yn ernes o dueddiadau pragmataidd yr
oes ac o'r ymgais gyfredol i adfer rhai syniadau neu amcanion
a goleddwyd gan y Rhyddfrydwyr er 1890. Yn y flwyddyn
honno hefyd cafwyd galw am ryw fath o gorff etholedig neu
ddemocrataidd i drafod y cyfrifoldebau dirprwyedig ym maes
addysg yng Nghymru. Galwyd am greu Cyngor Cenedlaethol

i reoli addysg gynradd yng Nghymru. Ond, fel y gwelwyd yn
achos y galw am gynulliad llawn i Gymru, bob tro y codwyd
y pwnc methodd yr ymdrech oherwydd anghytuno ynglŷn â
chynrychiolaeth y siroedd.

Er gwaethaf y methiant i sicrhau unfrydedd barn ynghylch
cynulliad i Gymru, cafwyd dwy ymgais i hyrwyddo cynllun
cyngor addysg. Ym 1925 ymwelodd dirprwyaeth o'r awdur-
dodau addysg Cymreig â'r Weinyddiaeth Addysg er mwyn
ceisio trosglwyddo grymoedd yr Adran Gymreig i Gyngor
Cenedlaethol. Gwrthodwyd hyn, ond gwnaed cynnig dros
ysgwydd i sefydlu cyngor ymgynghorol enwebedig. Daeth dim
ohono. Deng mlynedd yn ddiweddarach anfonwyd cais
llawnach (ond aflwyddiannus) gan fudiadau addysgol Cymru,
gan gynnwys Prifysgol Cymru, i sefydlu Cyngor Cenedlaethol,
cais a gyplyswyd â'r galw am benodi Ysgrifennydd Gwladol
dros Gymru a chreu Swyddfa Gymreig. Drwy wneud hyn, fe
honnid, gellid sicrhau grymoedd lleol amgenach, llais cryfach i
Gymru yn y llywodraeth ganol, ac ar yr un pryd ddiogelu
buddiannau'r siroedd lleiafrifol. I bob pwrpas ailbobiad oedd
hwn o'r math o gynllun a godwyd cyn 1914 gan Ryddfrydwyr
fel Syr David Brynmor Jones. Y mae'n debyg hefyd mai'r
dymuniad oedd gweld y Cyngor yn datblygu maes o law i fod
yn gynulliad cenedlaethol a ymdriniai â materion cenedlaethol
eraill yn ogystal ag addysg.

Ym meysydd iechyd ac amaeth hefyd trafodwyd
cynlluniau a fyddai'n arwain at fwy o lais democrataidd.
Mor gynnar â 1921 dymunwyd gweld cyrff cynrychioliadol
dirprwyedig. Cyflwynodd y Cyngor Iechyd Ymgynghorol
gynllun uchelgeisiol ar gyfer sicrhau Cyngor Iechyd
Cenedlaethol cynrychioliadol a chanddo rymoedd gwein-
yddol a chyllidol dros faterion iechyd yng Nghymru, a hefyd
Sefydliad Iechyd Cenedlaethol yng Nghaerdydd, yn ogystal â
sefydliadau rhanbarthol. Galwyd hefyd am gorff amaeth-
yddol dirprwyedig. Cyndyn oedd Griffith-Boscawen i
gymeradwyo hyn, ond yr oedd ei ymateb yn gymodlon:

He noticed that in some quarters of the Principality a demand was put forward for a separate Department of Agriculture for Wales. He did not think, however, that at the present time the country was in the mood to create new ministries as there was a strong feeling that too many Ministries were already in existence. He recognised, however, that there were many matters in which Welsh conditions and sentiments must be taken into account, and for that reason the Ministry had proceeded with the policy of having a separate administration for Wales, so that due regard might be paid to Welsh ideas.

Er nad oedd y Weinyddiaeth Amaeth yn fodlon rhoi sêl ei bendith ar gorff annibynnol i Gymru, yr oedd yn barotach na'r Weinyddiaeth Addysg neu'r Weinyddiaeth Iechyd i sicrhau bod cynrychiolaeth Gymreig ar ei his-bwyllgorau.

Deilliai cyndynrwydd y gweinyddiaethau hyn i ymateb i'r cynigion am gyrff gweinyddol annibynnol nid yn unig o'u hagwedd lugoer ond hefyd o'u hamharodrwydd i gydnabod bod Cymru yn haeddu trefniadau arbennig. Gwyddent o'r gorau nad oedd unfrydedd barn yng Nghymru ar y mater hwn. Nid oedd yr awdurdodau addysg lleol yn unfryd gytûn ynglŷn â chanoli addysg. Felly hefyd ym maes amaeth: yr oedd gagendor sylweddol yn agor rhwng y mân ffermwyr a'r ffermwyr mawr. Yn ogystal, digon annelwig oedd y berthynas rhwng y Cyngor Amaeth a chorff rhannol swyddogol Cymdeithas Cyfundrefnu Amaeth Gymreig, cymdeithas a ffurfiwyd ym 1922. Bu diddymu'r Cyngor Iechyd Ymgynghorol ym 1925 yn golled i'r rhai a geisiai gydlynu materion iechyd, ac eisoes yr oedd yn amlwg fod nodau ac anghenion tra gwahanol gan awdurdodau iechyd y trefi mawrion Cymreig a'r ardaloedd llai.

Drwy ganolbwyntio ar y diffygion hyn, y mae perygl i ni anwybyddu neu ddibrisio'r datblygiadau sefydliadol a ddigwyddodd yn ystod y cyfnod hwn, ynghyd â'u heffaith ar fywyd gweinyddol a chyhoeddus Cymru. Rhwydweithiodd y

Cyngor Amaeth a'r Adran Gymreig yn Aberystwyth yn bur effeithiol, a thyfodd Bwrdd Iechyd Cymru i fod yn gorff sylweddol, o ran maint ei staff, beth bynnag am ei effeithiolrwydd. Erbyn diwedd y 1930au amcangyfrifir bod y Bwrdd yn cyflogi cynifer â 2,000 o swyddogion a gweithwyr swyddfa yng Nghaerdydd. Yn wir, erbyn hynny yr oedd Caerdydd yn dechrau ennill ei phlwyf fel canolfan weinyddol i Gymru, yn enwedig pan godwyd adeilad newydd ar gyfer y Bwrdd Iechyd ym Mharc Cathays. Safai ochr yn ochr â'r Deml Heddwch lle y trigai sefydliadau cenedlaethol Cymreig rhannol swyddogol fel Cymdeithas Genedlaethol Goffaol y Brenin Edward VII a Chyngor Cenedlaethol Cymreig Cynghrair y Cenhedloedd. Datblygodd rhwydwaith o swyddfeydd o gwmpas Cymru ar gyfer amaeth ac iechyd a phenodwyd swyddogion i'w gwasanaethu. Yn raddol yn y cyfnod hwn magodd Cymru gnewyllyn o weinyddwyr sifil blaengar a dylanwadol; yr oedd tua 30 i gyd, heb sôn am glercod ac ysgrifenyddion. Cynhwysai'r gweinyddwyr sifil

27 Thomas Jones CH (1870–1955), gwas sifil a gweinyddwr eithriadol iawn a fu'n ddirprwy-ysgrifennydd y Cabinet. Fe'i disgrifiwyd un tro fel 'Brenin Cymru'!

wŷr tra nodedig, megis James Evans, Ben Bowen Thomas,
Howell James, David Llewelyn-Williams a Bryner Jones. Yn
achos gwŷr fel Alfred Thomas Davies, John Rowland,
Thomas Jones, Thomas John Hughes a Percy Watkins, yr
oedd nifer wedi ennill profiad dros gyfnod a oedd yn ymestyn
yn ôl i'r Oes Edwardaidd. Ac eithrio Thomas Jones, urddwyd
pob un o'r rhain yn farchogion ymhen amser.

Yr oedd y pump hyn hefyd wedi ennill profiad sylweddol
drwy weithio yn Whitehall. Swynwyd Jones a Watkins
yn arbennig gan y fraint o ddringo i uchelfannau'r
Weinyddiaeth Sifil ganolog. Un o'r cwestiynau creiddiol
ynglŷn â datganoli rhwng y rhyfeloedd oedd: beth oedd orau i
Gymru? Ai trosglwyddo rhagor o rymoedd i Gaerdydd ynteu
creu cyrff Cymreig cryfach yn Llundain ei hun? Yr ateb arferol
yn y cyfnod hwn ac yn y 1940au hefyd oedd canolbwyntio ar
Lundain. Gellid ar bob cyfrif, meddid, sefydlu rhai unedau
gweinyddol neu weithredol yng Nghaerdydd, ond yr oedd yn
hanfodol bod gan Gymru lais cryf yn Llundain am mai yno y
gwneid y penderfyniadau strategol. Yr oedd yn anhepgor fod
Cymru yn cymryd rhan yn yr ymarfer holistig o lunio polisi.
Y ddelfryd oedd datblygu trefniant tebyg i'r hyn a fodolai ym
myd addysg, sef cael adran Gymreig y tu mewn i nifer o
weinyddiaethau canolog, yn ôl yr angen. Dyma'r proses
organig yr oedd Percy Watkins yn ei arddel. Mewn
memorandwm ar ddatganoli ym 1943, meddai:

> By retaining a close integral connection with the major
> Departments of England and Wales combined, and at
> the same time ensuring the maximum of official
> independence for heads of the Welsh Departments (who
> after all are the main officers concerned with policy),
> Wales would be benefiting herself by sharing in 'the
> best of both worlds'.

Yr oedd hefyd ddadl ymarferol arall yn erbyn datganoli
grymoedd llawn i Gymru, sef prinder Cymry i weithredu fel

gweinyddwyr sifil effeithiol. Ym 1931 nodwyd bod myfyrwyr o Gymru wedi perfformio'n wael yn yr arholiadau ar gyfer y Gwasanaeth Sifil; dim ond un ohonynt a ymddangosai ymhlith y 50 gorau. Nodwyd hefyd fod llawer o fyfyrwyr Cymru yn cael eu denu i fyd addysg yn hytrach nag i weinyddiaeth gyhoeddus. Awgrymwyd hefyd ar y pryd fod colegau prifysgol Cymru yn syrthio'n brin wrth baratoi eu graddedigion ar gyfer bywyd cyhoeddus o'u cymharu â phrifysgolion Rhydychen a Chaer-grawnt.

Pa mor effeithiol, felly, oedd y cyrff datganoledig hyn? Ymddengys iddynt gyflawni rhai pethau buddiol dros Gymru, ond y gwir yw eu bod yn sefydliadau a oedd yn ddibynnol ar gefnogaeth a chydymdeimlad y weinyddiaeth a'u rheolai. Ym 1926, er enghraifft, gwrthgyferbynnodd un sylwebydd agwedd y Weinyddiaeth Gwaith ag agwedd y Weinyddiaeth Iechyd at Gymru. Tra oedd y naill yn fodlon cadarnhau hunaniaeth Gymreig trwy droi'r Comisiwn Henebion yn Gyngor Henebion Cenedlaethol, nid oedd y llall yn barod i gael cynrychiolaeth Gymreig ar wahanol bwyllgorau adolygiadol. Yr oedd yr adrannau yn Whitehall yn gwbl anghyson ac nid oeddynt o angenrheidrwydd yn gweld rhinwedd mewn caniatáu rhywfaint o ryddid i'r cyrff datganoledig. Er enghraifft, ym mis Ionawr 1919 canfu Syr Alfred T. Davies, pennaeth Adran Gymreig y Weinyddiaeth Addysg newydd, fod penderfyniadau ynglŷn â phenodi staff yn cael eu gwneud heb ymgynghori ag ef. Yn yr un modd, fe'i hanwybyddwyd pan gododd mater sefydlu cynlluniau hyfforddi. Meddai Davies wrth L. A. Selby-Bigge, Ysgrifennydd Parhaol y Weinyddiaeth:

> Anything more embarrassing and – may I add – unfair to the Welsh Department has not taken place since I have been connected with it [penodwyd Davies i'r swydd ym 1907]. All previous changes without exception – and I have had experience of a good many in the last twelve years – have been effected with perfect smoothness and my explicit concurrence has always been sought and

obtained – as obviously it should be – when they involve the personnel and efficiency of the Department, for whose administration I am responsible to the President.

Yn ddiweddarach, gwnaethpwyd penderfyniadau ynglŷn â lefel y ffioedd a godwyd ar ddisgyblion ysgolion uwchradd heb ymgynghori â'r Adran Gymreig a heb ystyried y ffaith fod llawer o deuluoedd yng Nghymru yn dioddef yn ariannol oherwydd effaith diweithdra, yn enwedig yn yr ardaloedd diwydiannol.

Câi Bwrdd Iechyd Cymru a'r Cyngor Amaeth Cymreig anawsterau lu â'u gweinyddiaeth. Yn un peth, nid oedd eu hysgrifenyddion parhaol yn fodlon cefnogi unrhyw ymgais i gyhoeddi adroddiadau ac ystadegau ar wahân ar gyfer Cymru. Ystyrier, er enghraifft, brofiad Percy Watkins, brodor o sir Drefaldwyn a ddaeth i'r amlwg yn wreiddiol fel gweinyddwr addysg yn y Bwrdd Canolog Cymreig ac ysgrifennydd parhaol y Bwrdd Iechyd ar y pryd. Ffraeodd Watkins gyda'i benaethiaid yn y Weinyddiaeth Iechyd, yn enwedig gyda'r ysgrifennydd parhaol, Michael Heseltine, ym 1922. Ymateb y swyddogion hyn oedd pwysleisio y dylid cynnwys yr wybodaeth am Gymru dim ond fel rhan o'r darlun cyflawn am y deyrnas gyfan. Y Bwrdd oedd yr unig un o'r wyth adran y tu mewn i'r Weinyddiaeth Iechyd a oedd yn adran 'ranbarthol'.

Teimlai'r Bwrdd a'r Cyngor Amaeth ei bod yn angenrheidiol pwysleisio'r hyn a oedd yn arbennig am amgylchiadau Cymru ac a oedd yn haeddu blaenoriaeth. Dyma felly danlinellu un o ganlyniadau datganoli eilaidd, sef y posibilrwydd, os nad y tebygrwydd, o gael gwrthdrawiad rhwng y canol a'r 'ymyl'. Daeth yn amlwg hefyd fod y canol yn colli amynedd â chyrff datganoledig fel hyn. Gwelwyd prawf o hyn ym mis Mehefin 1928 pan benderfynodd y Gweinidog Iechyd ar y pryd, Neville Chamberlain, beidio â phenodi olynydd i Syr Thomas Hughes fel cadeirydd y Bwrdd

Iechyd. Brodor o Dregaron oedd Hughes a ddaeth yn Gomisiynydd Yswiriant cyntaf Cymru ym 1912 ac wedi hynny yn weinyddwr a sefydlodd y Bwrdd Iechyd. Rhoddwyd sawl rheswm dros y penderfyniad, gan gynnwys nad oedd neb cymwys i gymryd lle Hughes a bod angen tocio cyllideb y Bwrdd mewn cyfnod o gyni ariannol. Yn ymarferol, ymgais oedd hon i ysbaddu'r Bwrdd ac, yn y pen draw efallai, i'w ddiddymu. Gwnaethpwyd yr awgrym hwn yn gyntaf ym 1922 yn Adroddiad Geddes, adroddiad ar sut i docio gwariant cyhoeddus. Yr oedd dyddiau'r Cyngor Ymgynghorol ar Iechyd yng Nghymru eisoes wedi dod i ben erbyn 1925, ac felly yr oedd yn bwysicach fyth i rai o anian genedlaetholgar fod y Bwrdd yn parhau.

Er cymaint oedd diffygion y Blaid Seneddol Gymreig, rhoes hyn gyfle i wleidyddion Cymru uno ac ymgyrchu er mwyn amddiffyn y Bwrdd a swydd y cadeirydd. Bu'n gyfle i'r aelodau seneddol Llafur, a oedd yn y mwyafrif yng Nghymru erbyn hyn, fynegi eu dicter at y Torïaid am anwybyddu hawliau Cymru. Cyfeiriai adroddiadau'r wasg Gymreig at ymweliad y Blaid Seneddol Gymreig â'r Weinyddiaeth Iechyd a sut yr wfftiodd Chamberlain at William John, AS Rhondda a Chadeirydd y Blaid Seneddol Gymreig, wrth iddo gyfeirio at y sarhad a wnaed â'r genedl Gymreig. Yn nhyb William John, dyma 'the most anti-Welsh government of modern times'. Adleisiwyd hyn gan Dom Griffiths, AS Llafur Pont-y-pŵl. Credai ef fod gweinyddiaeth ddatganoledig yn rhoi cydnabyddiaeth i Gymru, ond tybiai hefyd fod gwrth-Gymreigrwydd yn troedio coridorau San Steffan. Meddai: 'I go further and say that if the authorities in Whitehall had their way there would be no kind of local administration in Wales at all.'

Anfonwyd hefyd nifer o ddeisebau at y Weinyddiaeth yn cwyno ynghylch y penderfyniad. Am resymau ymarferol a gwladgarol, gwrthwynebwyd penderfyniad y llywodraeth. Yn ymarferol, yr oedd cael Bwrdd heb gadeirydd yn ei gwneud hi'n anodd i weithredu'r system yswiriant gwladol yng Nghymru. Fwyfwy gorfodid pwyllgorau sir Cymru i ymgynghori â Llundain neu Fryste yn hytrach na Chaerdydd. O safbwynt gwladgarol, yr oedd y penderfyniad yn bwrw sen ar Gymru. Protestiodd Griffith Jones, ysgrifennydd lleol yr Odyddion yng Nghasnewydd, ym mis Mehefin 1928, ynglŷn â'r 'indignity offered to Wales by the suggested abolition of the Office of Chairman of the Welsh Board of Health'. Anfonwyd cwynion swyddogol gan bwyllgorau yswiriant siroedd Meirionnydd, Y Fflint, Dinbych a Morgannwg.

Bu'r achos hwn yn embaras i Dorïaid Cymreig, a honnwyd eu bod yn gwingo cymaint fel yr oeddynt yn amharod i amddiffyn penderfyniad y llywodraeth. Rhoes y mater hwn gyfle i Ryddfrydwyr adennill eu diddordeb mewn ymreolaeth ar ôl anwybyddu Cymru am gyfnod er mwyn rhoi sylw uniongyrchol i'r Alban yn unig. Ac wrth gwrs bu hefyd yn gyfle i'r Blaid Genedlaethol newydd bwysleisio mor fregus oedd hunaniaeth Cymru dan y gyfundrefn Brydeinig ganolog. Ymosododd nifer o ymgeiswyr Rhyddfrydol ar y penderfyniad, yn eu plith Ffred Llywelyn Jones yn sir y Fflint, Moelwyn Hughes yn y Rhondda a Clement Davies yn Nhrefaldwyn. Yn nhyb Hughes, dangosai hyn fod mawr angen sefydlu Whitehall Cymreig:

> We claim that Wales is a separate nation, and, therefore, a national unit for the purposes of administration. Welsh Departments, whether of Agriculture or Health, are nothing but branches of the corresponding departments of Whitehall . . . such arrangements were obviously made not for the development, but for the crippling of Welsh national institutions.

Yn ddiweddarach, cynigiwyd sylwadau tebyg gan R. T. Evans yn Ysgol Haf y Rhyddfrydwyr Cymreig ym 1929, sef nad oedd hi'n bosibl bellach sicrhau buddiannau Cymru o fewn fframwaith gweinyddol Prydeinig.

Yr oedd yr achos hwn yn fêl ar fysedd aelodau'r Blaid Genedlaethol, wrth gwrs, a thybiai papurau newydd megis y *Western Mail* ceidwadol y byddai'r achos yn fodd i'r Blaid ymgryfhau ac ennill aelodau newydd. A oedd y llywodraeth, gofynnodd y golygydd, yn macsu cynllwyn cudd er mwyn meithrin ymdeimlad cryf o genedligrwydd yng Nghymru?

The Celt above other peoples flourishes under affliction. Give him a good grievance and he will squeeze the last drop of mourning joy out of it.

Honnodd ymhellach ei bod yn bryd i'r llywodraeth newid cwrs ac adfer swydd cadeirydd y Bwrdd.

This is not a narrow Welsh sentiment, no Wales for the Welsh cry. This is a fight for a vital principle. A people who became indifferent to their national life and honour would speedily deteriorate into nondescripts.

Fel y gellid disgwyl, manteisiodd y Blaid Genedlaethol ar yr achos er mwyn dangos, yng ngeiriau ei Llywydd Saunders Lewis, mai agwedd y concwerwr at hil orthrymedig oedd y penderfyniad i beidio â llenwi'r swydd. Nid oedd gan y Blaid fawr o ddiddordeb yn adfer swydd cadeirydd y Bwrdd ond, fel mater o egwyddor, yr oedd yn destun symbolaidd pwysig. Un o brif amcanion y Blaid oedd tanlinellu diffygion sylfaenol unrhyw drefniant datganoledig fel hwn. Ymylol ac arwynebol oedd mater cadeiryddiaeth y Bwrdd Iechyd pan oedd ffawd y genedl a'i hunaniaeth ddiwylliannol yn y fantol. Yn nhyb *Y Ddraig Goch* (Awst 1928):

Y mae'r aelodau seneddol Cymreig, sy'n sentimentaliaid anymarferol, yn meddwl y bydd popeth yn iawn os ceir eto gadeirydd ac ysgrifennydd i'r Bwrdd Iechyd Cymreig. Fe dawelent hwy wedyn. Fe ysgydwent eu cynffonau fel cŵn bach uwchben asgwrn.

Yr oedd gan genedlgarwyr reswm arall dros feirniadu'r Bwrdd, sef ei amharodrwydd i ddefnyddio'r Gymraeg ac i fynnu bod medru'r Gymraeg yn amod wrth benodi gweinyddwyr newydd i'r swyddfa yng Nghaerdydd. Gan mai'r Bwrdd oedd y corff datganoledig mwyaf yng Nghymru o ran personél, yr oedd yn gosod patrwm i gyrff eraill. Tynnai'r arfer hwn yn gwbl groes i feddylfryd ac athrawiaeth y Blaid Genedlaethol, a oedd yn benderfynol o adfer y Gymraeg fel priod iaith gweinyddiaeth yng Nghymru. Yr oedd hefyd yn cythruddo aelodau o'r Blaid Seneddol Gymreig. Ym mis Tachwedd 1926 galwodd yr aelodau ar i'r Bwrdd benodi siaradwyr Cymraeg i brif swyddi'r weinyddiaeth sifil yng Nghymru. Eisoes yr oedd dau aelod seneddol Llafur, Morgan Jones, Caerffili, a Rhys Davies (brodor o Langennech), Westhoughton, swydd Gaerhirfryn, wedi datgan bod eisiau mwy o swyddogion Cymraeg ar y Bwrdd er mwyn cynorthwyo'r cyhoedd â'u hymholiadau, yn enwedig ynghylch eu pensiynau. Ymateb y Bwrdd oedd nad oedd y Gymraeg yn hanfodol. Adlewyrchai hyn agwedd undeb y gweision sifil ac, yn eironig ddigon, agwedd Syr Thomas Hughes ei hun. Dim ond lleiafrif bychan o ymholiadau Cymraeg eu hiaith a dderbynnid, meddai ef wrth y Weinyddiaeth yn Llundain – rhwng deg a phymtheg allan o 20,000–30,000 y mis – ac yr oedd yn bwysig diogelu cyfleoedd cyfartal ymhlith y staff:

> One has also to think of the junior men and women, a good many of whom are transferred from other departments, and whose promotion would be entirely blocked if Welsh became sine qua non.

Rhygnodd anghydfod penodi cadeirydd ymlaen am yn agos i dair blynedd, yn rhannol oherwydd fod yr aelodau seneddol yn poeni mwy am effeithiau'r dirwasgiad economaidd ar Gymru. Pwysicach o lawer, yn eu tyb hwy, oedd lefel cyflogaeth yn eu cymunedau a gallu cynghorau lleol i drethu

28 Brodor o Benbont-
fach, Tregaron, oedd
Syr John Rowland
(1877–1941). Bu'n un
o ysgrifenyddion
preifat Lloyd George
rhwng 1905 a 1912 ac
am ddeng mlynedd
(1930–40) ef oedd
Cadeirydd y Bwrdd
Iechyd Cymreig.

er mwyn cynnal eu gwasanaethau cyhoeddus. Yn y diwedd,
yr angen i geisio cysoni, gwella a chynnal rhai agweddau ar y
gwasanaethau cyhoeddus a droes y fantol, gan beri i'r
Weinyddiaeth benderfynu bod angen cadeirydd ar gyfer y
Bwrdd. Ym 1931 penodwyd (Syr) John Rowland yn gadeirydd
newydd y Bwrdd – penodiad eironig oherwydd ef oedd y dyn y
disgwylid iddo olynu Hughes ym 1928. Brodor o sir Aberteifi
oedd Rowland ac yr oedd yn hen law ar weithio y tu mewn i'r
gyfundrefn weinyddol. Bu'n ysgrifennydd preifat i Lloyd
George am chwe blynedd pan oedd hwnnw'n Llywydd y
Bwrdd Masnach ac yn Ganghellor y Trysorlys. Ym 1912
penodwyd Rowland yn aelod o'r Comisiwn Yswiriant
Cymreig i weinyddu cynllun yswiriant gwladol Lloyd George
yng Nghymru ac ym 1919 daeth yn aelod o'r Bwrdd Iechyd.
Yr oedd ganddo'r enw o fod yn 'genedlaetholwr' ac nid oedd
wrth fodd Thomas Jones a Percy Watkins. Yr oedd hefyd yn
gymeriad anhydrin. Adlewyrchai ei benodiad ym 1931 awydd
yn Whitehall i berswadio'r Bwrdd i ymgymryd â gofynion

gweinyddol newydd sylweddol 'rhanbarthol'. Deilliai'r rhain
o'r ad-drefnu llywodraeth leol ar ôl 1929 a'r proses o
drosglwyddo cyfrifoldebau hen gyfundrefn y tlodion i'r
cynghorau sir a dinesig. Maes o law, rhoddid cyfrifoldebau i'r
Bwrdd i arolygu polisïau cymorth i'r di-waith. Buddiol cofio
mai dan Rowland y cymerodd y Bwrdd agwedd fwy adeiladol
at y Gymraeg.

Ym 1935 ceisiodd Rowland dawelu ofnau'r gweision sifil
ac, ar yr un pryd, bwysleisio mor ddymunol fyddai cael
mwy o siaradwyr Cymraeg yn y gwasanaeth. Er na fyddai'r
Gymraeg yn hanfodol, yr oedd yn bwysig bod gweision sifil
yn deall y Cymry, a byddai gwerthfawrogi iaith ac arferion y
bobl yn gymorth i hyn. Yr iaith fyddai'r ffordd orau o
gyrraedd y bobl:

> People of other nationalities who have settled in Wales
> have quite early recognised this fact and by acquiring
> a knowledge of the language have reached high
> administrative positions in Wales. Not only have they
> thereby enriched their office, but they have cultivated a
> warmer attachment to national ideals and have risen in
> public estimation.

Er bod y Bwrdd wedi goroesi argyfwng 1928 nid oes
ddwywaith na pharodd hyn i lawer gredu bod angen
strwythur datganoledig mwy effeithiol. Yn raddol, daeth
hyn yn destun trafod a dadl ymhlith y pleidiau wrth i'r
tridegau fynd rhagddynt, yn enwedig wrth i wendidau eraill
ddod i'r amlwg yn y drefn ddatganoledig yng Nghymru.

Achosai'r berthynas rhwng y 'canol a'r ymylon', hynny
yw Whitehall a Chymru, gryn drafodaeth hefyd ymhlith
gwahanol gyrff penodol Cymreig, yn enwedig ym maes
addysg. Pan sefydlwyd Adran Gymreig y Bwrdd Addysg ym
1907 y bwriad oedd cael corff a fyddai'n arolygu bron pob
agwedd ar addysg gynradd ac uwchradd yng Nghymru. Y
gobaith oedd y byddai'n dylanwadu ar deithi meddwl

swyddogion a gweinidogion Llundeinig. Ond, gwaetha'r modd, yr oedd sefydliad arall a ymwnâi â'r ysgolion uwchradd, sef y Bwrdd Canol Cymreig. Bu hwn yn gyfrifol am osod y cwricwlwm ac arholi disgyblion yn yr ysgolion sir a sefydlwyd ar ôl creu'r cynghorau sir Cymreig ym 1889. Er ei sefydlu ym 1895 bu'r Cyngor yn wyliadwrus iawn o'i awdurdod, a gwrthwynebai ymyrraeth o unrhyw gyfeiriad, gan gynnwys Prifysgol Cymru a'r Adran Addysg. Am flynyddoedd, felly, bu cryn gystadlu ac ymgecru rhwng y cyrff hyn, yn bennaf ynglŷn â'r hawl i archwilio, arholi ac ariannu'r ysgolion. Agwedd y Bwrdd Canol oedd mai ef oedd y corff a wyddai orau ynghylch anghenion a buddiannau Cymru am ei fod yn sefydliad democrataidd a adlewyrchai farn yr awdurdodau addysg. At hynny, yr oedd pencadlys y Bwrdd yng Nghaerdydd ac nid yn Llundain. Corff o weinyddwyr sifil cyflogedig oedd personél yr Adran Gymreig yn Llundain ac nid oeddynt yn atebol o gwbl i Gymru.

29 Atgynhyrchiad o bortread gan S. Morse Brown o Syr Percy Emerson Watkins (1871–1946), brodor o Lanfyllin, gweinyddwr cydwybodol ac unplyg, ac awdur yr hunangofiant *A Welshman Remembers* (1944).

Nid oes syndod, felly, mai o blith aelodau'r Bwrdd Canol y deuai'r galw o bryd i'w gilydd am Gyngor Addysg etholedig i Gymru. Llugoer iawn oedd yr Adran Gymreig ynglŷn â hyn. Tybiai na fyddai'r aelodaeth fawr gwell na'r rhai a geid ar y Bwrdd Canol. Barn (hunanol, efallai) ei swyddogion oedd mai corff ceidwadol oedd y Bwrdd, heb fawr o ddiddordeb mewn addysg ryddfrydol nac mewn diwylliant Cymraeg ychwaith. Dyna oedd barn O. M. Edwards cyn y Rhyfel Mawr a dyna oedd barn yr Adran wedi hynny hefyd. Y mae'n arwyddocaol mai'r Adran Gymreig yn hytrach na'r Bwrdd Canol a hyrwyddodd y syniad o drwytho athrawon yn hanes, iaith a diwylliant Cymru. Yr Adran hefyd a lwyddodd i berswadio'r Bwrdd Addysg ac wedyn y Weinyddiaeth Addysg i gynnal hunaniaeth Gymreig yn yr ysgolion gyda'i bolisi o ddathlu Dydd Gŵyl Dewi a thrwy ddatblygu dwyieithrwydd. Ar y cyd â'r Weinyddiaeth Amaeth a'r Cyngor Amaeth Cymreig, bu'r Adran yn arloesi ym 1923 drwy sefydlu cynllun addysg arbennig ar gyfer disgyblion yn y broydd gwledig Cymreig (a Chymraeg). Carreg filltir nodedig arall oedd cyhoeddi'r adroddiad *Y Gymraeg mewn Addysg a Bywyd* ym 1927.

Bu rhywfaint o genfigen a chynnen yn y byd iechyd yng Nghymru hefyd. Yn ogystal â'r trafferthion â'r Weinyddiaeth Iechyd yn Llundain, câi'r Bwrdd Iechyd Cymreig anhawster i gydweithio â chorff Cymreig arall. Ffurfiwyd y Gymdeithas Genedlaethol er Coffáu'r Brenin Iorwerth VII ym 1910 gan nifer o wladgarwyr Cambriaidd Rhyddfrydol a oedd yn arddel gwladgarwch ac yn awyddus i foderneiddio'r genedl. Eu bwriad oedd gwella'r cyfleusterau i ymdrin â haint y dicâu a oedd yn frith ledled Cymru, yn enwedig yn yr ardaloedd gwledig. Mudiad gwirfoddol oedd y Gymdeithas, ond mudiad dylanwadol iawn a fwynhâi nawdd nifer o bobl gefnog, megis yr Arglwydd Davies o Landinam. Er mor glodwiw fu gwaith y Gymdeithas, yr oedd yn amlwg fod cael dau gorff yn ymwneud â materion iechyd ar lefel genedlaethol Gymreig yn peri dryswch. Yn wir, trwy gydol y dau a'r tridegau, methwyd â sicrhau unfrydedd barn rhwng y ddau sefydliad. Tra ceisiai'r Gymdeithas ddarparu ysbytai gofal (*sanatoria*), ceisiai'r Bwrdd Cymreig ddarganfod ffyrdd o drin yr haint a'i ddileu. Petai'r Cyngor Ymgynghorol Cymreig wedi goroesi, y mae'n bosibl y gellid bod wedi sicrhau cydweithio amgenach rhwng y ddau sefydliad.

Y mae'n eglur fod helbul clefyd y dicâu, ynghyd â'r ansefydlogrwydd a gododd o fewn cyrff datganoledig Cymreig eraill, wedi chwarae rhan ganolog yn y galw ymhlith aelodau'r pleidiau Llafur a Rhyddfrydol erbyn diwedd y 1930au am ddiwygio'r drefn weinyddol yng Nghymru a'i pherthynas â San Steffan. Er i fudiadau addysg yng Nghymru ymorol am gorff cenedlaethol etholedig i weinyddu'r pwnc hwnnw, hoff ddewis y rhan fwyaf o wleidyddion a welai rinwedd o gwbl mewn datganoli (a rhaid cofio nad oedd hyn yn flaenoriaeth i lawer) oedd penodi Ysgrifennydd Gwladol dros Gymru. Byddai Ysgrifennydd, meddid, yn dod â rheolaeth gliriach a mwy rhesymegol i weinyddiad pob un o'r pynciau hynny a ddatganolwyd i Gymru. Byddai'n fodd hefyd i efelychu'r hyn a oedd wedi digwydd yn yr Alban. Ym 1926 dyrchafwyd swydd Ysgrifennydd yr Alban yn Ysgrifennydd Gwladol, a rhoddwyd iddo sedd yn y cabinet. Yn y blynyddoedd canlynol ychwanegwyd gwahanol adrannau gweinyddol i Swyddfa'r Ysgrifennydd, a dengys hyn fod llywodraethau'r dydd yn llawer parotach i gydnabod hunaniaeth yr Alban nac i gydnabod hunaniaeth Cymru. Ni ddangosodd prif weinidogion y dydd, Baldwin, MacDonald (er iddo ar un adeg gefnogi ymreolaeth i Gymru) a Chamberlain, fawr ddim cydymdeimlad â galwadau'r Blaid Seneddol Gymreig, er bod ei haelodau, yn enwedig ym 1937–8, yn unfryd o blaid cael Ysgrifennydd Gwladol dros Gymru.

Nid damwain oedd y ffaith mai un o'r gwleidyddion mwyaf brwd o blaid datganoli awdurdod dros faterion Cymreig i Ysgrifennydd Gwladol oedd Clement Davies, AS

Rhyddfrydol sir Drefaldwyn. Cyflwynodd fesur preifat i'r
perwyl hwn ym 1937. Rhwng 1937 a 1938 cadeiriodd
ymchwiliad seneddol i'r dicâu yng Nghymru ac yr oedd ei
gasgliadau yn ffrwydrol. Nododd ddau beth sylfaenol ynglŷn
â'r sefyllfa yng Nghymru. Yn gyntaf, gwelodd mor ddiffygiol
y bu'r awdurdodau lleol wrth geisio dygymod â'r haint
ofnadwy hwn. Bu'r awdurdodau llai eu maint a'r rhai mewn
ardaloedd gwledig yn gwbl ddi-hid ac, yn wir, yn gybyddlyd
yn eu gwariant ar faterion iechyd. Fel y nodwyd gan bapur
newydd y *Times*, datgelodd adroddiad Davies wendidau
sylfaenol:

> complexity, ineffectiveness, and in many cases the
> unsuitability of the present system of local government
> in matters pertaining to the health of the community.

30 Yr oedd y gwleidydd
Rhyddfrydol Edward Clement
Davies AS (1884–1962) yntau
yn frodor o Lanfyllin. Cedwir
ei bapurau gwleidyddol
cyfoethog yn Llyfrgell
Genedlaethol Cymru.

Yr awgrym oedd y dylid ad-drefnu llywodraeth leol yng Nghymru a daeth hyn yn destun trafod bywiog maes o law. Daeth rhai i gredu bod sicrhau llywodraeth leol fwy effeithiol yn bwysicach i Gymru na datganoli sefydliadau cenedlaethol neu benodi Ysgrifennydd Gwladol dros Gymru.

Ond dangosodd ymchwiliad Davies hefyd y diffygion a fodolai yn y sefydliadau datganoledig cenedlaethol Cymreig erbyn diwedd yr 1930au. Pan gyhoeddwyd adroddiad Davies ym 1939 gwelwyd mai un o'r rhesymau am y sefyllfa yng Nghymru oedd gwendidau cynhenid y Bwrdd Iechyd Cymreig. Yr oedd y Bwrdd yn gorff diddannedd, heb y grym na'r awdurdod i allu cymell awdurdodau lleol i wella pethau nac i fedru perswadio'r llywodraeth ganol i ddatblygu polisïau newydd. Disgrifiwyd y Bwrdd gan Davies fel 'a useless, moribund body'. Yr oedd yn gwbl amharod i weithredu ar argymhellion a wnaed mewn adroddiadau pwysig am iechyd Cymru. Onid oedd y Bwrdd, meddai Davies, yn 'National Waste Paper Basket' Cymru? Eisoes yr oedd ymateb swta y Gweinidog Iechyd, Syr R. H. Dorman-Smith, i gais y Blaid Seneddol Gymreig am gael trafod cynnwys yr adroddiad wedi dwyn perswâd ar Davies a rhai Llafurwyr fel James Griffiths y dylid ymgyrchu'n daerach o blaid penodi Ysgrifennydd Gwladol.

Yr ail elfen a hyrwyddai ragor o ddatganoli oedd twf y syniad o 'ddatblygiad rhanbarthol'. Deilliai hyn o ddau ddatblygiad damcaniaethol. Y cyntaf oedd y syniad o'r wladwriaeth 'gorfforaethol', syniad a oedd yn boblogaidd ar y Cyfandir. Daethai'n ffasiynol ymhlith Ceidwadwyr blaengar a hefyd ymhlith aelodau o'r Blaid Genedlaethol. Ei hanfod oedd pwysleisio rhan y wladwriaeth ganol (yn hytrach na'r farchnad rydd) wrth gynllunio cyfundrefn economaidd a gwleidyddol a fyddai'n galluogi rhanbarthau i feithrin ymdeimlad o hunaniaeth a fyddai yn ei dro yn arwain at gynllunio polisïau economaidd. Ymhlith sosialwyr a chomiwnyddion, hefyd, gwyntyllwyd syniadau am ran y wladwriaeth ganol a chynllunio economaidd, a rhoddwyd peth sylw i sefydliadau gweithredol ddatganoledig lleol.

Y drydedd elfen oedd y dirwasgiad economaidd ar ôl 1929. Golygai hyn fod angen i lywodraethau gymryd camau breision er mwyn adfer y sefyllfa drwy ymyrraeth economaidd a chreu cyrff arbennig i weithredu hyn. Yn eu gwahanol ffyrdd daeth polisïau gwladwriaethol Mussolini yn yr Eidal, Roosevelt yn America ac, i raddau llai, Stalin yn yr Undeb Sofietaidd, yn ddylanwad ar deithi meddwl gwleidyddion a gweinyddwyr ym Mhrydain wrth drafod datblygiad 'rhanbarthol'. Un canlyniad amlwg oedd y camau arbennig a gymerwyd i geisio lleihau effaith y dirwasgiad yng nghymoedd de Cymru drwy greu cyrff datblygu arbennig. Ym 1932 sefydlwyd Cyngor Datblygu Diwydiannol De Cymru a Mynwy dan lywyddiaeth yr Arglwydd Plymouth. Trefniant ar gyfer de Cymru yn unig oedd hwn ac nid i Gymru gyfan – anwybyddwyd argyfwng yr ardaloedd gwledig, er enghraifft. Sut oedd y fath drefniant yn gweddu â hunaniaeth Cymru fel 'rhanbarth' tybiedig ar gyfer materion cynllunio a datganoli yn y pen draw? Yr oedd yn amlwg nad oedd yr awdurdodau yn Llundain yn gwerthfawrogi'r cyd-destun cenedlaethol Cymreig. Yn wir, yn nhyb llawer, yr oedd 'De Cymru' (hynny yw, yr ardaloedd diwydiannol) wedi dod yn rhanbarth ar wahân. Atgyfnerthwyd hyn pan basiwyd Deddf yr Ardaloedd Arbennig 1934, deddf a ddynododd 'De Cymru' yn rhanbarth a oedd yn gymwys i dderbyn cymorth adferol arbennig gan y llywodraeth. Tua'r un adeg cafwyd dadl faith arall am hunaniaeth Cymru o safbwynt darlledu. Bu ymgyrch ddygn, dan arweiniad y Rhyddfrydwr Rhys Hopkin Morris, AS sir Aberteifi, i argyhoeddi'r BBC fod Cymru yn haeddu sylw fel uned benodol ac y dylid sicrhau darpariaeth arbennig ar ei chyfer.

Ychwanegodd materion fel hyn at y drafodaeth am ddatganoli i Gymru. Yn rhengoedd y Blaid Genedlaethol gwyntyllodd Saunders Lewis ei gynllun o blaid Cyngor Datblygu Cenedlaethol ym 1933. Dadleuai D. J. Davies o blaid creu awdurdodau cynllunio cenedlaethol Cymreig. Felly hefyd Lloyd George yn ei Lyfr Melyn a'i Lyfr Gwyrdd ar ddiwedd y dauddegau. Dygwyd pwysau ar aelodau'r Blaid Seneddol Gymreig gan wŷr cyhoeddus yng Nghymru, llenorion ac aelodau'r Brifysgol i ymwneud fwyfwy â datganoli. Tanlinellwyd droeon gan genedlaetholwyr a Rhyddfrydwyr bwysigrwydd cadw 'enaid' cenedl yn fyw ac y byddai hynny'n golygu ymdrin nid yn unig â hynt materol Cymru ond ei hunaniaeth ddiwylliannol a gwleidyddol hefyd. Dyna oedd neges E. T. John hyd ei farwolaeth ym 1931. Yn ôl y dyb hon, ni ddeuai unrhyw les i Gymru o'i chaethiwo y tu mewn i gyfundrefn gynllunio Whitehall. Fel y rhybuddiodd Kitchener Davies ym 1936, wrth adolygu polisi ailarfogi'r llywodraeth:

> I Wasanaeth Sifil Seisnig Llundain, anghysur yn nyddiau heddwch, a pherygl pan ddaw rhyfel yw miloedd anhywaeth Cymru newynog.

Erbyn 1937 yr oedd momentwm o blaid rhyw fath o newid yn cynyddu, er gwaethaf agwedd lugoer y Llywodraeth Genedlaethol dan arweinyddiaeth Neville Chamberlain. Cafwyd nid yn unig gais i gryfhau'r elfen ddatganoledig drwy fesur Clement Davies ond hefyd gynnig ym mesur preifat Ernest Evans, AS Rhyddfrydol Prifysgol Cymru, i adfer y Gymraeg yn y llysoedd yng Nghymru. Cyhoeddwyd ysgrifau pwysig gan wladgarwyr Cambriaidd fel W. Huws Jones ac Edgar Chappell yn argymell newid cyfansoddiadol sylweddol, a daeth Mudiad Cymru Fydd i'r amlwg fel amddiffynnydd hunaniaeth ddiwylliannol Cymru. Aildaniwyd diddordeb y Blaid Lafur yng Nghymru yn natganoli ac felly hefyd y Blaid Gomiwnyddol. Ffaglwyd y tân hwnnw gan wrthdystiad Penyberth a daeth y Mudiad Gwerin i ddadlau o blaid hunanlywodraeth werinol.

Ildiwyd fawr ddim. Gwir fod y llywodraeth wedi ymestyn swyddogaeth Cyngor Datblygu De Cymru drwy ei alw yn Gyngor Datblygu Cymru a Mynwy ym 1938, ond dyna'r cyfan. Ac yna daeth yr Ail Ryfel Byd. Ar un olwg, gellid tybio y byddai'r rhyfel wedi rhoi taw ar obeithion a chynlluniau datganolwyr a chenedlaetholwyr. Ond fel arall y bu. Adolygwyd holl drefniadau llywodraethol a gweinyddol y deyrnas a bu hyn yn fodd i adolygu lle a statws Cymru yn y gyfundrefn lywodraethol. Meddylier, er enghraifft, am arwyddocâd Adroddiad Barlow ym 1940 ynglŷn â datblygu rhanbarthol neu'r penderfyniad i wneud Cymru yn rhanbarth gweinyddol cyflawn erbyn dechrau'r rhyfel er mwyn rhoi trefn ar yr 'home front'. Ym 1942 ffurfiwyd Cyngor Ymgynghorol Cenedlaethol Cymreig i wynebu'r her o adfer y wlad. Wrth gwrs, byddai eisiau barn unfryd er mwyn dwyn pwysau ar Whitehall ac argyhoeddi'r Gwasanaeth Sifil ac arweinwyr y pleidiau mawr o werth y syniad o drin Cymru fel uned weinyddol naturiol, ond yr oedd yr argoelion yn llawer iawn mwy gobeithiol.

I gloi: yn ystod y dau a'r tridegau rhoddwyd prawf ar effeithiolrwydd y sefydliadau gweinyddol a ddatganolwyd i Gymru. Gwelodd y cyfnod hefyd dwf y gymdeithas sifil yng Nghymru, a rhwydweithiau o gyrff gweinyddol a chyrff rhannol swyddogol cenedlaethol yn cystadlu am flaenoriaeth. Fwyfwy hefyd bu trafod a dadlau bywiog ynglŷn â sut i ddiwallu anghenion y genedl Gymreig: naill ai drwy ragor o ddatganoli, neu drwy fanteisio ar y cynnydd yng ngrym y wladwriaeth Brydeinig. Bu'r cyfnod hwn yn fwy adeiladol nag a dybir, ac yn rhagbaratoad gwerthfawr ar gyfer y cynnydd graddol a ddigwyddodd wedi 1945 yn y ddarpariaeth ddatganoledig ac yn y galw am hunanlywodraeth.

DARLLEN PELLACH

Edgar L. Chappell, *The Government of Wales* (Llundain, 1943).

D. N. Chester (gol.), *The Organization of British Central Government 1914–1964* (ail arg., Llundain, 1968).

J. Graham Jones, 'Early campaigns to secure a Secretary of State for Wales, 1890–1939', *Trafodion Anrhydeddus Gymdeithas y Cymmrodorion* (1986).

Thomas Jones, C. H., *Welsh Broth* (Llundain, 1950).

W. Hughes Jones, *What is happening in Wales? An Open Discussion on the National Awakening* (Llundain, 1937).

Pamela Michael a Charles Webster (goln), *Health and Society in Twentieth-century Wales* (Caerdydd, 2006).

Emrys Pride, *Pilgrims: Whitehall to Wales. Dr Thomas Jones CH and Sir Ben Bowen Thomas – Two Social Scientists. A Memoir* (Casnewydd, 1982).

Duncan Tanner, Chris Williams, W. P. Griffith ac Andrew Edwards (goln), *Debating Nationhood and Governance in Britain, 1885–1939: Perspectives from the 'Four Nations'* (Manceinion, 2006).

Becky Taylor, John Stewart a Martin Powell, 'Central and Local Government and the Provision of Municipal Medicine, 1919–39', *English Historical Review*, CXXII (2007).

Percy E. Watkins, *A Welshman Remembers: An Autobiography* (Caerdydd, 1944).

'A NARROW SWATHE OF ENGLISH ECCENTRICITY': AILAGOR RHEILFFYRDD TAL-Y-LLYN A FFESTINIOG

Dafydd Roberts

Ac mi glywir crafangau'r hen lein yn dirdynnu ein bron,
Duw a'n gwaredo – ni lwyddwch i'n rhwystro rhag hon.

Yr Herald, 26 Gorffennaf 2003

Un o nodweddion pwysicaf y diwydiant llechi oedd y rhwydwaith sylweddol o dramffyrdd a rheilffyrdd a ddefnyddiwyd fel arfer i gysylltu'r chwareli a'r cloddfeydd â phorthladdoedd a rheilffyrdd eraill. Erbyn chwarter olaf y bedwaredd ganrif ar bymtheg estynnai'r rhain megis rhwydwaith o wythiennau, gan gludo llwythi o lechi i gwsmeriaid yng ngwledydd Prydain, ar gyfandir Ewrop, ac ymhellach fyth. Yn eu tro deuai offer o bob math yn ôl ar hyd y rheilffyrdd hyn i'r chwareli. Darperid gwasanaeth llawn gan ymgymerwyr cyhoeddus megis Rheilffordd Corris a Rheilffordd Ffestiniog, a chludid nwyddau a theithwyr hefyd mewn cerbydau pwrpasol. Ni cheid gwasanaeth tebyg ar reilffyrdd preifat megis y rhai a ddarparwyd gan berchenogion chwareli'r Penrhyn a Dinorwig, ond caent eu defnyddio ar gyfer cludo chwarelwyr i'w gwaith. Y mae'n bryd cydnabod bod y rhwydwaith hwn yn un gwerthfawr o safbwynt rhyngwladol. Gellir priodoli hyn i ddau brif ffactor, sef yn gyntaf, esblygiad y rhwydwaith hynod hwn, ac yn ail, y newid o fod yn rheilffyrdd diwydiannol i'r sefyllfa bresennol o fod yn rheilffyrdd treftadaeth.

Deilliodd yr ail ffactor hwn o'r dirwasgiad yn economi'r diwydiant llechi. Caewyd nifer sylweddol o chwareli llai cyn 1914 a llawer mwy yn ystod y 1930au. Erbyn dechrau'r 1950au digon bregus oedd sail economi'r diwydiant yn gyfan gwbl. Ar yr un pryd, gan fod y chwareli a oedd wedi goroesi yn ceisio moderneiddio ac ailstrwythuro eu dulliau o gludo llechi, cafwyd ei bod yn llawer haws cludo llechi gorffenedig ar loriau yn syth o'r chwarel at y cwsmer. Cludwyd y llwythi olaf o lechi ar hyd Rheilffyrdd Tal-y-llyn a Ffestiniog ym 1946. Eisoes yr oedd Rheilffordd Ffestiniog wedi rhoi'r gorau i gludo teithwyr, ac o'r herwydd yr oedd ei dyfodol yn awr yn ansicr iawn. Byddai dyfodol Rheilffordd Tal-y-llyn hithau yn dibynnu ar y nifer a ddefnyddiai'r trenau teithwyr

31 Rhai o gefnogwyr Rheilffordd Ffestiniog yn ymgynnull ger twnnel Garnedd yn y 1950au (LlGC, Casgliad Geoff Charles).

a ddarparwyd gan berchennog Chwarel Bryneglwys a'r Rheilffordd ei hun, sef Syr Haydn Jones, cyn-Aelod Seneddol Rhyddfrydol Meirionnydd. Y gwir yw fod y Chwarel a'r Rheilffordd yn gwneud colled, a phan fu farw Syr Haydn Jones ym 1950 wynebai'r Rheilffordd yr un tranc â Rheilffordd Ffestiniog.

Gellid dadlau mai'r ymwybyddiaeth o arwyddocâd y rhwydwaith rheilffyrdd chwarelyddol yng Ngwynedd, ac o hanes unigryw y ddwy Reilffordd hyn, a arweiniodd at eu hachubiaeth. Adferwyd y naill a'r llall fel rheilffyrdd treftadaeth ac, fel y dadleuodd Dr David Gwyn, y mae'r dreftadaeth honno bellach yn rhan sylweddol iawn o archaeoleg y ddwy. Rheilffordd Tal-y-llyn oedd y gyntaf yn y byd i'w hachub gan griw o wirfoddolwyr; lansiwyd y gwasanaeth cyhoeddus ar ei newydd wedd ym 1951. Ychydig flynyddoedd yn ddiweddarach, ym 1955, ailgychwynnwyd gwasanaeth cyhoeddus ar ran o Reilffordd Ffestiniog. O'r cyfnod hwnnw ymlaen hyd heddiw, felly, diben y naill reilffordd a'r llall (a nifer sylweddol eraill o reilffyrdd yng Ngwynedd a ledled Cymru) fyddai gwasanaethu'r diwydiant ymwelwyr drwy fod yn rhan o'r diwydiant treftadaeth yng Nghymru. Ni all neb wadu eu llwyddiant, nac ychwaith eu cyfraniad sylweddol i economi eu broydd. Y mae'r hyn a gyflawnwyd, yn aml ar sail llafur gwirfoddol, yn gwbl ryfeddol.

Cofnodwyd hanes achub y rheilffyrdd hyn yn drylwyr gan sawl awdur, ac nid oes angen ei ailadrodd yma. Yr hyn sy'n gyffredin i'r hanes yw nad trwy ymdrechion cychwynnol trigolion lleol y llwyddwyd i'w hachub, ond yn hytrach trwy ymdrechion gwirfoddol nifer o unigolion brwdfrydig o rannau eraill o wledydd Prydain. Yr oedd y rhain eisoes yn ymwybodol o hanes ac arwyddocâd y rheilffyrdd, ac yn benderfynol na fyddai'r peiriannau na gweddill yr eiddo yn syrthio i ddwylo'r dyn sgrap. Deuent o gefndir amrywiol iawn, gan ddwyn i'r dasg y math o sgiliau a oedd yn anghenrheidiol ar gyfer yr her newydd. Daethant i weithio mewn cymunedau a oedd yn parhau i fod yn gadarnleoedd y Gymraeg wrth gwrs, ac i ymwneud â rhannau o dreftadaeth diwydiant a ddisgrifiwyd gan yr Athro A. H. Dodd fel 'the most Welsh of Welsh industries', lle y buasai'r Saesneg yn iaith estron a'r Gymraeg yn parhau ar wefusau trwch y boblogaeth leol.

Sut berthynas, felly, a geid rhwng y gwirfoddolwyr gweithgar hyn a'r Cymry lleol? Dyma agwedd ar hanes achub y rheilffyrdd na roddwyd nemor ddim sylw iddi hyd yma. Un arloeswr cwbl arbennig oedd y peiriannydd a'r awdur L. T. C. Rolt. Daethai Tom Rolt i amlygrwydd ym Mhrydain yn ystod y 1940au oherwydd ei gyfraniad i'r ymgyrch i ddiogelu'r rhwydwaith camlesi. Bu'n ysgrifennydd yr Inland Waterways Association am gyfnod, hyd nes iddo ffraeo â Robert Aickman, un arall o arweinwyr yr IWA. A'i briodas gyntaf wedi chwalu, ei gwch *Cressy* yn pydru, a'i frwdfrydedd o blaid y camlesi wedi ei danseilio, daeth Rolt i Dywyn, Meirionnydd, ym 1951, i ymgymryd â gofynion swydd newydd fel Rheolwr Cyffredinol Rheilffordd Tal-y-llyn. Deil Dr David Gwyn ei fod yn ŵr a chanddo 'a sensitive awareness of the railway's cultural dimension, serving a quiet Welsh-speaking community'.

Ymhen ychydig fisoedd, i raddau yn sgil llwyddiant cefnogwyr Rheilffordd Tal-y-llyn, cynhaliodd y Festiniog Society gyfarfod ym Mryste. Un o'r arweinwyr oedd Alan Pegler, gŵr busnes y bu ganddo gysylltiad agos â Rheilffordd Ffestiniog o'r cychwyn cyntaf. Buan y sylweddolwyd y byddai'n rhaid sicrhau'r hawl i reoli'r hyn a oedd yn weddill o Gwmni'r Rheilffordd. Er mwyn gwneud hynny byddai'n rhaid gwario £3,000 arni bron ar unwaith. Trodd Alan Pegler at ei dad, Francis Pegler, perchennog cwmni prosesu rwber yn Retford, am gymorth. Er mawr syndod i'r mab, cytunodd Francis Pegler ddod i'r adwy er nad oedd ganddo ddim byd da i'w ddweud am Gymru na'i phobl. O ganlyniad, erbyn canol 1954 diogelwyd y Cwmni Rheilffordd.

Yr oedd Tom Rolt yn unigolyn cymhleth a hynod ddiddorol, a bu ei gyfraniad ef yn gwbl allweddol i'r ymdrechion i ailgychwyn y gwasanaeth ar gyfer teithwyr. Ar un olwg y mae'n rhyfedd ei fod wedi dod i Dywyn yn y lle cyntaf, ac y mae lle i gredu mai dianc yr oedd rhag trafferthion teuluol a gyrfaol blaenorol. Yr oedd yn genedlaetholwr o Sais. Yn ôl Angela, ei wraig gyntaf, ni fwynhaodd daith ar gamlas ar hyd Iwerddon ym 1950 'simply because it wasn't England'. Serch hynny, ac yn ernes efallai o'r gwrthgyferbyniadau a oedd yn eu nodweddu, yr oedd y ddau ohonynt wedi llywio eu cwch *Cressy* ar hyd Camlas Llangollen i Froncysyllte, lle yr oeddynt wedi trefnu i gyfarfod yr actor Hugh Griffith a'i wraig. Yn ôl Tom Rolt, yr oedd Hugh Griffith wedi cynhesu at athroniaeth bersonol Rolt, athroniaeth a fynegwyd yn huawdl yn ei gyfrol *High Horse Riderless*, lle y dadleuodd o blaid datganoli grym i'r rhanbarthau. Cydiodd hyn yn nychymyg Hugh Griffith, gŵr a feddai, yn ôl Tom Rolt, 'an intensely localised Welshness . . . deep feelings for his native place'. Apeliodd y ddadl hefyd at Blaid Cymru. Meddai Rolt: 'it was with an odd mixture of gratification and embarrassment that I found myself quoted *in extenso* in the party's pamphlet arguing for self-government'. Ymunodd dros dro (meddai ef) â Phlaid Cymru, 'because it seemed to me to be trying to practise what I had preached . . . This was the only time I have joined a political party and I suppose that by doing so I became in the technical sense a traitor to my own country'. Ond buan y troes ei gefn ar y Blaid: 'I fear it was not long before I allowed my subscription to lapse. My love has always been for that Border Country that is neither wholly English nor wholly Welsh, but seems to me to combine both.' Fe'i dadrithiwyd gan y Gymru Gymraeg.

Yr oedd Rolt eisoes wedi ymweld â Rheilffordd Tal-y-llyn yn ystod yr Ail Ryfel Byd. Gan nad oedd trenau yn rhedeg ar ddydd ei ymweliad penderfynodd gerdded ar hyd y

Rheilffordd i gyfeiriad y gweithdai ym Mhendre, Tywyn. Yno gwelodd fod rhywrai yn gweithio ar *Talyllyn*, injan rhif 1: 'the sound of a heavy hammer striking unyielding metal . . . followed by a spate of rapid Welsh which, to my uninitiated ear, might equally have been instructive, argumentative or merely explosive and profane'. Gan gerdded yn ei flaen, gwelodd ddau ddyn wrthi'n trwsio llwybr y Rheilffordd ger gorsaf Rhydyronnen. Oedodd i siarad â hwy, 'but it was equally obvious from their blank expressions that they knew no English'.

Annheg â Rolt, serch hynny, fyddai gorbwysleisio arwyddocâd yr ymagweddu hwn at y Cymry Cymraeg. Wedi iddo gyrraedd Tywyn yn ystod 1951 aeth ati gyda'i gyd-ymgyrchwyr i drefnu cyfarfod cyhoeddus er mwyn egluro bwriadau rheolwyr newydd y Rheilffordd. Bu'n gyfarfod llwyddiannus; sicrhawyd nifer o danysgrifiadau a chafwyd anerchiadau yn Gymraeg a Saesneg. Gwerthfawrogwyd y gefnogaeth ganddo, ac fe'i canmolwyd gan John Parry, un o weithwyr y Rheilffordd a etifeddwyd dan y drefn newydd. Y mae'n amlwg hefyd fod Rolt yn fodlon gwrando ar farn eraill ac i ymateb i anghenion defnyddwyr lleol y Rheilffordd. Defnyddiai nifer o drigolion a ffermwyr yr ardal y trên bach yn feunyddiol ac yr oedd Rolt yn ymwybodol o hynny:

> To allow the money in the visitor's pocket to outweigh local needs would be fatal . . . For at once railway and farm alike would fall out of the historical and regional context of which they have so long been a part, and in which alone they have their true being . . . Though I had come over the mountains as an invader myself, I felt that a childhood spent at Welsh Hay gave me some sort of passport, and before long I found myself looking at the summer invasion from a Welshman's point of view.

Mewn gwirionedd, y mae'r sensitifrwydd hwn yn gwbl gyson â'r athroniaeth bersonol a fynegwyd ganddo yn *High*

Horse Riderless. Fel y dywedodd: 'a self-sufficient society must necessarily be based on a prosperous and populous agricultural community, and . . . the purpose of industry must be to serve such a community and not vice-versa'. Os dadrithiwyd ef gan rai agweddau o'r Gymru Gymraeg, ni cheir unrhyw dystiolaeth sylweddol i'r perwyl hwnnw yn ei atgofion o'i gyfnod yn Nhywyn. Y mae'n siŵr y byddai wedi dotio at ffotograff hyfryd Geoff Charles, ynghyd â phennawd T. Lloyd Jones, a ymddangosodd ar dudalen flaen *Y Cymro* yn Ebrill 1953: 'First Class i Mrs Humphreys, a'r trên yn stopio ar ei hamnaid yn Frongoch er nad oes orsaf yno.'

Ceir ambell awgrym o gyfeiriadau eraill nad oedd pawb ymhlith y tîm a arweiniai Reilffordd Tal-y-llyn ar ei newydd wedd yn gyfan gwbl fodlon ag awydd Tom Rolt i ddefnyddio gweithwyr lleol ar y Rheilffordd. Un o'r gyrwyr cyntaf i'w gyflogi oedd Hugh Jones, a fu'n gyflogedig cyn hynny gan Syr Haydn Jones. Yn ogystal â Hugh Jones, cynigiwyd gwaith hefyd i'w feibion, Dai Jones a Herbert Jones, ac ymfalchïai Tom Rolt yn y cysylltiad hwn â'r gorffennol. Ond yn ôl John Bate, a fu'n brif beiriannydd y cwmni am nifer helaeth o flynyddoedd: 'Herbert Jones regarded the steam locomotives as almost his personal property and if I had need to look at a locomotive it had to be done when Herbert was away or there was trouble. Indeed, I found it difficult to take leave as on return I would find things done which should not have been done in that manner.' Ceir awgrym pellach o anghydweld rhwng Rolt a Bate yn sylwadau'r prif beiriannydd ynglŷn â chyflogi gof. Ers dyddiau cynnar Tom Rolt yn Nhywyn arferid defnyddio gwasanaeth Griff Evans, gŵr lleol a oedd yn berchen ar efail a gweithdy ger gweithdai'r Rheilffordd ym Mhendre. Yn groes i ddymuniad Bate, mynnodd Rolt gyflogi Evans. Yn ystod y 1960au hefyd yr oedd John Bate yn parhau i wrthwynebu'r egwyddor o gyflogi pobl leol. Meddai: 'until my appointment the permanent staff had all been local people but I felt we should

32 Alan Garraway (chwith), rheolwr Rheilffordd Ffestiniog am oddeutu 30 mlynedd, yn arwain y dasg o achub wagenni o'r hen orsaf ym Mlaenau Ffestiniog (LlGC, Casgliad Geoff Charles).

recruit from within the Society people who had a real interest in the Society, rather than those for whom it was just another job'. Yr oedd y gwrthdaro hwn rhwng y ddau beiriannydd allweddol a dylanwadol hyn yn arwydd o'r tensiwn a fodolai ar adegau rhwng pobl leol gyflogedig a gwirfoddolwyr a ddeuai i Dywyn i dreulio eu gwyliau yn gweithio ar y Rheilffordd. Ceir awgrym pellach o hyn, a hefyd o sensitifrwydd Tom Rolt, yng nghofnodion trydydd Cyfarfod Cyffredinol Blynyddol y Gymdeithas a ffurfiwyd i ddiogelu Rheilffordd Tal-y-llyn, sef i bob pwrpas y corff a ffurfiai bolisïau'r cwmni. Yn ystod eu cyfarfod yn Nhywyn ym Medi 1953 adroddwyd bod Rolt wedi dadlau o blaid cynnal y Cyfarfod Cyffredinol Blynyddol yn Nhywyn yn ddiffael oherwydd 'that where the Railway is, then there also should be the Annual General Meeting . . . Mr Flemons disagreed with Mr Rolt, as although the Talyllyn is a Welsh Railway this is not a Welsh Society and the London Area, which consists of over 300 members, considers that the cost of attending a meeting at Towyn is too great'.

Un awgrym pellach o'r tyndra rhwng trigolion lleol a'r Rheilffordd ar ei newydd wedd oedd cyfres o ddigwyddiadau digon brawychus yn ystod haf 1952. Ym mis Gorffennaf derbyniodd yr is-bwyllgor peirianyddol adroddiadau am ddigwyddiadau nid nepell o orsaf Hendre. Gosodwyd sliperi ar draws y cledrau, symudwyd wagenni a'u taflu oddi ar y cledrau, a hyrddiwyd boncyffion croesfan rheilffordd i wely'r afon gerllaw. Hysbyswyd yr heddlu o'r digwyddiadau hyn oherwydd eu difrifoldeb. Dengys dogfennaeth, y cyfeirir ati isod, fod fandaliaeth gyffelyb wedi digwydd yn ysbeidiol rhwng 2 Mehefin ac 11 Awst 1952. Ganol Awst clywodd yr is-bwyllgor peirianyddol fod y drwgweithredwr wedi ei ddal tra oedd yn troseddu drachefn a bod yr heddlu yn bwriadu ei erlyn.

Daethpwyd â Gwilym Llywarch, gweithiwr 21 oed ar fferm yr Hendy, nid nepell o Dywyn, gerbron Llys Ynadon y

dref ar 18 Medi 1952. Fe'i cyhuddwyd gan yr Arolygydd T.
M. Moss o beryglu diogelch teithwyr rheilffordd a hefyd o
gyflawni trosedd dan Adran 34 o Ddeddf Troseddau yn
Erbyn yr Unigolyn 1861. Honnwyd ei fod wedi gosod ar y
trac ran o gledr, cerrig, bwndeli o friciau, a brigau. Yn
ogystal, honnwyd ei fod wedi tynnu blociau o goed (sliperi,
yn ôl pob tebyg) ac wedi gadael cledrau yn rhydd o'r
herwydd. Holwyd Gwilym Llywarch ynglŷn â'i gymhellion.
Ei ateb oedd: 'He had nothing against the people who ran
the railway; something foolish had arisen in him to do these
things in order to see the train stopping. They had a terrible
job to re-start and he liked very much to see them have
difficulty in re-starting it.' Gwelwyd Gwilym Llywarch yn
troseddu ar 11 Awst 1952 gan yrrwr trên, sef John Snell,
myfyriwr israddedig yng Ngholeg Balliol, Rhydychen. Ni
ellir dychmygu gwrthgyferbyniad mwy trawiadol na'r un
rhwng bywyd a phrofiad gwas ffarm a dystiodd yn Gymraeg
a'r myfyriwr Rhydychenaidd di-Gymraeg a wirfoddolodd i
yrru injan stêm. Meichiwyd Gwilym Llywarch i ymddangos
gerbron Llys Sirol Rhuthun yn ddiweddarach, ac ni chafwyd
rhagor o droseddau cyffelyb. Os unig gymhelliad Gwilym
Llywarch oedd atal y trên wrth iddo ddringo ar hyd llethrau
Craig Fach-Goch, a chael rhyw wefr neu bleser wrth weld y
gyrrwr yn ceisio ei hailgychwyn, yr oedd gosod darn arall o
gledr rheilffordd i fod yn rhwystr, neu dynnu sliperi, yn
ddulliau pur ddifrifol o weithredu. Mewn gwirionedd,
byddai'r brigau neu'r bwndeli o friciau wedi bod yn ddigon o
rwystr i orfodi'r gyrrwr i atal y trên wrth iddo fustachu'n
araf heibio. Tybed, felly, a oedd ganddo ryw gymhelliad
mwy difrifol?

　　Fel y gwelwyd eisoes, cychwynnwyd gwasanaeth ar gyfer
teithwyr gan Gwmni Rheilffordd Ffestiniog ar ei newydd
wedd ym 1955. Ar yr olwg gyntaf, er mai her ddigon tebyg a
wynebai'r gwirfoddolwyr ym Mhorthmadog ag a wynebwyd
ychydig ynghynt gan y gwirfoddolwyr yn Nhywyn, yr oedd

y sefyllfa ym Mhorthmadog yn fwy cymhleth. Ni fu fawr o
fwlch yn hanes Rheilffordd Tal-y-llyn rhwng cyfnod
rheolaeth Syr Haydn Jones a chyfnod rheolaeth y drefn
newydd. Etifeddwyd rheilffordd, gorsafoedd, injans a
cherbydau a oedd bron yn gyfan, er eu bod mewn cyflwr
truenus. Yn achos Rheilffordd Ffestiniog, er bod y cwmni a
oedd biau'r Rheilffordd wedi parhau mewn bodolaeth
gyfreithiol ers i'r trên llechi olaf redeg ym 1946, nid oedd yr
un trên wedi rhedeg, ni wnaed unrhyw waith cynnal a
chadw, ac i raddau helaeth gadawyd popeth fel yr oedd ar
derfyn y gwasanaeth ym 1946. Canlyniad hyn oedd bod yr
her o adfer y Rheilffordd yn anferth, a dyna egluro'r
penderfyniad i gyfyngu'r trenau cyntaf i'r cymal byr rhwng
gorsaf tref Porthmadog a'r gweithdai yn Boston Lodge ar ben
pella'r Cob. Er mwyn mynd ymhellach byddai'n rhaid clirio
gordyfiant ac adfer gwely'r Rheilffordd i gyfeiriad Minffordd,
Penrhyndeudraeth a Than-y-bwlch. Rhaid bod yr enwau
lleoedd hyn yn peri trafferth i rai gwirfoddolwyr. Cwynodd
un ohonynt, gan efelychu cerdd gan Rudyard Kipling, 'so
we'll rally to Portmadoc, eager all to do our job/Slashing on
to "unpronounceable", or PW on the Cob.' Ond er gwaethaf
y problemau a wynebwyd aeth y gwaith yn ei flaen, ac
ailagorwyd y Rheilffordd fesul cymal. Y mae'n ddigon posibl
fod meddylfryd y Cwmni hwn, a'r gwirfoddolwyr hefyd,
rywfaint yn wahanol i eiddo'r rhai a oedd yn llafurio yn
Nhywyn. Fel y nododd David Gwyn, yr oedd meddylfryd
'lein fawr' i'w ganfod ym Mhorthmadog a hefyd efallai
rywfaint llai o bwyslais ar geisio diogelu'r hyn a berthynai
i'r gorffennol.

   Y bygythiad pennaf i fwriad Cwmni Rheilffordd Ffestiniog
i ailagor y Rheilffordd o Borthmadog i Flaenau Ffestiniog fu'r
penderfyniad i adeiladu Gorsaf Drydan Storfa Bwmp (y cyntaf
yn y byd) yn Nhanygrisiau, ger Blaenau Ffestiniog. Ofnid y
byddai'r gronfa isaf ar gyfer yr Orsaf Drydan yn llifo dros hynt
arfaethedig y Rheilffordd, gan ei rhwystro rhag cyrraedd

Blaenau Ffestiniog. Bu'r posibilrwydd y gellid codi gorsaf drydan yn hysbys i'r Cwmni Rheilffordd er tua 1954 ac arweiniodd hynny at drafodaethau brwd rhwng awdurdodau'r Bwrdd Canolog Cynhyrchu Trydan a chynrychiolwyr Cwmni'r Rheilffordd. Llwyddwyd yn y diwedd i gytuno y byddid yn adeiladu'r orsaf drydan a'r gronfa, y byddai'r Cwmni Rheilffordd yn adeiladu llwybr newydd o'r Dduallt i Danygrisiau, gan ddringo uwchlaw'r gronfa ddŵr, ac y byddai'r Bwrdd Canolog Cynhyrchu Trydan yn talu rhywfaint o iawndal. Comisiynwyd yr orsaf drydan ym 1963 ac aeth y gwirfoddolwyr ati wedi hynny i greu eu campwaith peirianyddol eu hunain trwy adeiladu llwybr newydd uwchlaw'r Dduallt, a thwnnel sylweddol y tu draw iddo. Golygai hyn, felly, y byddai modd maes o law ailagor y rheilffordd trwy Danygrisiau i Flaenau Ffestiniog.

Eto i gyd, rhaid cofio nad oedd trenau wedi rhedeg o Borthmadog i Flaenau Ffestiniog er 1946, er bod y chwareli lleol wedi parhau i wneud rhywfaint o ddefnydd o'r cysylltiadau rheilffordd o fewn tref Blaenau Ffestiniog ei hun. Pan brynwyd y Rheilffordd ym 1955 penderfynwyd mai un nod cynnar fyddai gyrru rhyw fath o drên ar hyd y llwybr cyfan er mwyn profi'r hawl i wneud hynny, er mwyn casglu rhywfaint o wagenni i'w gwerthu fel sgrap, a hefyd er mwyn dangos i'r Bwrdd Canolog Cynhyrchu Trydan fod y Rheilffordd yn parhau mewn bodolaeth. Un o'r gyrwyr cyntaf i lwyddo i wneud hyn oedd Keith Catchpole, athro ysgol o Lundain, a fentrodd gyda'i injan ddisel i mewn i dwnnel gwreiddiol y Moelwyn, a oedd erbyn hynny mewn cyflwr digon peryglus. Llwyddwyd o'r diwedd i gyrraedd cyrion Blaenau Ffestiniog, lle y bu'n rhaid defnyddio rhawiau i glirio'r holl ysbwriel a daflwyd gan drigolion y dref dros y blynyddoedd. Wrth glywed sŵn annisgwyl yr injan 'people started looking out behind curtains, and behind doors, and from behind windows. Not very friendly-looking people'. Cyrhaeddwyd y Diffwys maes o law, sef storfa'r wagenni, lle yr oedd torf gref wedi ymgynnull. Yn ôl Catchpole:

> Quite a crowd had gathered by this time, locals, miners, children, but they were rather a peculiar crowd because they were completely silent. I thought at the time one could almost feel the hostility in the air, which later turned out to be right. But they watched us struggle . . . Meanwhile the crowd had continued to grow and I suppose that there were two or three hundred people standing at the side just watching us. We finally got them coupled up and we were rather glad to get away. We felt rather like the tale of the old mariner who had killed the albatross. You could almost cut the atmosphere with a knife.

Beth sy'n egluro'r 'gwrthwynebiad' honedig hwn a'r diffyg croeso? Dylid cofio bod diweithdra yn broblem sylweddol ym Mlaenau Ffestiniog a'r cylch erbyn y 1950au cynnar. Er i'r chwareli llechi lleol brofi rhywfaint o ffyniant yn sgil y galw am lechi ar gyfer aildoi cartrefi a ddinistriwyd yn ystod yr Ail Ryfel Byd, yr oedd nifer y chwarelwyr yn dal i ostwng. Clywsai aelodau o'r Cyngor Dinesig ers dechrau 1952 am fwriad i adeiladu cynllun trydan dŵr ar odrau'r Moelwyn, a derbyniwyd deiseb a llythyrau oddi wrth rai o drigolion Tanygrisiau a chwmni Chwarel yr Oakeley yn tynnu sylw at beryglon posibl y cynllun i weithwyr tanddaearol. Tua'r un adeg hefyd, 'ateb gwyliadwrus iawn' a roddwyd gan y Cyngor Dinesig 'i gais pobl y Lein Bach am gefnogaeth y Cyngor i'r symudiad tuag at ail-agor y lein'. Ym mis Mehefin 1952 cyhoeddwyd na fyddai'r Bwrdd Canolog Cynhyrchu Trydan yn bwrw ymlaen â'r cynllun trydan dŵr. Er bod y Cyngor Dinesig yn 'siomedig iawn' â'r penderfyniad, yr oedd yn hyderus y deuai cynllun arall gerbron maes o law. Derbyniwyd newyddion am y cynllun hwnnw yn Ionawr 1954 a chadarnhawyd erbyn diwedd y

33 Gorsaf-feistres Tan-y-bwlch, gyda'i theulu. Arferai wisgo'r 'Wisg
Gymreig' pan fyddai'n croesawu trenau teithwyr i'r orsaf
(LlGC, Casgliad Geoff Charles).

flwyddyn y byddai'r cynllun ym mynd rhagddo. Meddai Ernest Jones: 'Yr oedd gwir angen am ryw ddatblygiad fel hyn yn y Blaenau . . . gan fod teuluoedd yn dechrau gadael y cylch unwaith eto.'

Y gwir yw, felly, fod trigolion Blaenau Ffestiniog yn ofni y byddai ailagor y Rheilffordd yn arwain at benderfyniad terfynol gan y Bwrdd Canolog Cynhyrchu Trydan i beidio â chodi gorsaf drydan ger Tanygrisiau ac, o'r herwydd, na fyddai swyddi yr oedd eu mawr hangen yn cael eu creu yn yr ardal. Pa ryfedd, felly, fod Keith Catchpole a'i gynorth-wywyr wedi derbyn y fath groeso llugoer pan gyraeddasant mewn injan reilffordd nad oedd yn ymddangos yn ddymunol nac yn berthnasol i anghenion cymuned ddirwasgedig.

> These outsiders, these Englishmen, who had bought the railway and said they were going to restore it, were only saying that, it was believed, so that they could screw the maximum compensation money out of the Electricity Authority. Blaenau jobs were going to be jeopardized for the sake of money paid to knaves from over the border . . . Anti-Festiniog Railway resolutions were adopted by the local council. Anti-Festiniog Railway editorials and letters appeared in the local papers. Anti-Festiniog Railway sermons were preached in local pulpits.

Gan ddwyn i gof yr hyn a ddigwyddodd yn hanes Rheilffordd Tal-y-llyn ychydig flynyddoedd ynghynt, dywedwyd hefyd: 'the railway work was hindered and obstructed in every possible way. Sleepers and keys were plundered for firewood. Tools were stolen, walls were pulled down, equipment was damaged, and wagons were derailed'. Pan ofynnwyd i'r Cyngor Dinesig ym mis Medi 1957 gefnogi dychweliad y Rheilffordd i'r dref, penderfynodd y pwyllgor anfon y llythyr at y Bwrdd Trydan er mwyn cael eu sylwadau. 'Yn ddiweddarach, pasiwyd i ohirio penderfyniad

ynglŷn â chefnogi'r Lein Bach nes y ceid canlyniad achos
rhwng y Lein Bach a'r Bwrdd Trydan yn Nhribiwnlys y
Tiroedd.'

Y mae naws y sylwadau a ddyfynnir uchod yn adlewyrchu
peth o'r anhunedd a oedd wedi datblygu erbyn y 1950au
rhwng brodorion Blaenau Ffestiniog a'r cylch ar y naill law a
chefnogwyr a gwirfoddolwyr Rheilffordd Ffestiniog ar y llall.
Wrth i'r gwaith o ailadeiladu'r Rheilffordd o'r Dduallt,
heibio i Lyn Stwlan, trwy Danygrisiau, ac ymlaen i Flaenau
Ffestiniog fynd yn ei flaen ar hyd y blynyddoedd (agorwyd y
Rheilffordd gyfan ym mis Mai 1982) cafwyd sawl enghraifft o
ymagweddu sarhaus a bychanus at bobl yr ardal: 'small
terraced houses, with tatty back yards, sooty washing lines,
decaying sheds and rusting, abandoned vehicles', yn enwedig
rhwng Tanygrisiau a Glan-y-pwll. Yn ystod Confensiwn y
Rheilffordd, a gynhaliwyd ym Mhlas Tan-y-bwlch ym mis
Hydref 1980, cynigiwyd cyngor ac arweiniad ynglŷn â sut i
gyfathrebu â'r sawl a oedd yn byw rhwng Tanygrisiau a
Glan-y-pwll – 'a very *very* Welsh district' – lle nad oedd y
rhan fwyaf o'r trigolion yn poeni fawr ddim am ddyfodol y
Rheilffordd, ac o ganlyniad yn rhai hawdd eu tramgwyddo.
Gan adlewyrchu'r hyn a oedd, yn ôl pob tebyg, wedi
tramgwyddo trigolion y cylch, paratowyd canllawiau manwl:
gwaharddwyd y gweithwyr rhag cyflawni'r canlynol: taflu
ysbwriel dros furiau i'r tir cyfagos; cerdded ar y tir hwnnw;
dargyfeirio dŵr i eiddo eraill; cychwyn mân ddirlithriadau;
cau bylchau cerdded ac, uwchlaw popeth, 'watch what you
say to the locals . . . because you are strange and the FR is
strange and you are part of it, your personal opinions will be
taken to represent the Festiniog's official position'. Tybed
beth fyddai Mrs E. B. Williams o Ben-lôn, Tanygrisiau, wedi
dweud petai wedi bod yn bresennol yn y Confensiwn ac
wedi clywed y cyfeiriad at ddirlithriadau? Ychydig flynydd-
oedd ynghynt, ym mis Mehefin 1976, yr oedd Cymdeithas
Trethdalwyr Tanygrisiau wedi clywed cynnwys llythyr a

dderbyniwyd oddi wrth Allan Garraway, Rheolwr Cwmni Rheilffordd Ffestiniog. Cyfeiriodd y llythyr at dirlithriad a oedd wedi difetha rhan helaeth o gartref Mrs E. B. Williams, Pen-lôn. Ymddengys fod y Cwmni wedi gwadu pob cyfrifoldeb. Yn ôl y cofnod: 'Deallwyd fod y mater erbyn hyn yn un cyfreithiol rhwng y Cwmni, Cyngor Sir Gwynedd, a chyfreithwyr Mrs Williams. Diolchodd Mrs Williams i'r Trethdalwyr a phawb arall a fu'n garedig wrthi mewn cyfnod anodd iawn.'

Efallai mai un o'r rhesymau paham nad oedd y Cwmni Rheilffordd bob amser yn gallu asesu a chloriannu'r farn leol yn gywir oedd y ffaith mai 'pobl ddwad' oedd i raddau helaeth iawn yn gysylltedig â'r Rheilffordd. Ai rhwystredigaeth a oedd wrth wraidd y gollfarn hon ar drigolion Blaenau Ffestiniog?

There was, and remains today, a small minority, implacably xenophobic in general and anglophobic in particular, who were quick to take offence, to see slights where none were intended, and who were keen to cast the Festiniog Railway in the role of an alien occupying power. Conversations with railway employees, or with volunteers, would be taken as official Company policy. Casual remarks in Blaenau Ffestiniog public houses led to 'scenes'.

Rhwystredigaeth hefyd a achosai'r sylwadau chwerw ynghylch diffyg cefnogaeth pobl leol. Honnwyd bod staff y rheilffyrdd yn 'puzzled and hurt over the years by what they think of as an astonishing lapse in public appreciation'. Ar y llaw arall, y mae'n amlwg fod barn pobl leol wedi dechrau newid o blaid y Rheilffordd, yn enwedig pan ddechreuwyd trefnu teithiau arbennig ar gyfer cynghorwyr lleol, landlordesau a swyddogion y wasg i gyfarfodydd cyhoeddus ym Mlaenau Ffestiniog a dawnsfeydd yn Nhanygrisiau. Ac er bod rhai gwŷr busnes o'r farn nad oeddynt fawr elwach o gael y Rheilffordd, nid oes unrhyw amheuaeth nad oedd manteision economaidd yn deillio o'r gwasanaeth hwn.

Ar ôl dyfynnu'n bur helaeth o waith un awdur, priodol bellach yw ystyried i ba raddau yr oedd yr hyn a ddywedwyd uchod yn adlewyrchu barn swyddogol y Cwmni Rheilffordd. A ydyw hon yn ffynhonnell gwbl ddibynadwy? Y mae'r ateb i'w ganfod yn y rhagair i argraffiad 1986 o gyfrol John Winton, *The Little Wonder*, lle yr honnwyd bod rhai, gan gynnwys nifer o aelodau Bwrdd y Cwmni Rheilffordd, wedi beirniadu argraffiad cyntaf 1975 oherwydd fod ynddo ormod o fanylion dianghenraid ac annerbyniol. O'r herwydd, cwtogwyd y cynnwys hanesyddol yn argraffiad 1986 a'i ddiwygio yng ngoleuni darganfyddiadau archifydd swyddogol Rheilffordd Ffestiniog. Gellir dadlau'n rhesymol, felly, fod yr hyn a ddywedwyd yn y dyfyniadau uchod *yn* adlewyrchu safbwynt swyddogol y Cwmni Rheilffordd yn ystod y cyfnod hwn.

Agwedd arall ar y berthynas anodd ar adegau rhwng y Cwmni Rheilffordd a phobl leol oedd y ddadl ynglŷn â defnyddio 'Festiniog' neu 'Ffestiniog' fel rhan o enw'r Cwmni. Cyfeiriai'r ddeddf seneddol a roes fodolaeth i'r Cwmni ato fel 'Festiniog Railway' – camsillafiad, wrth reswm. Parhawyd i ddefnyddio'r sillafiad hwn gan y Cwmni ar ei newydd wedd o 1955 ymlaen. Wrth adeiladu'r llwybr newydd i gyfeiriad Tanygrisiau ym 1978 gosodwyd arwyddion rhybudd o boptu'r rheilffordd yn enw 'Rheilffordd Festiniog'. Trefnwyd protest gan gell Blaenau Ffestiniog o Gymdeithas yr Iaith ym mis Mawrth 1979, a theithiodd saith aelod ar un o'r trenau heb dalu am eu tocynnau. Fe'u harestiwyd a'u dwyn gerbron y llys ynadon lleol maes o law. Dadleuodd y Cwmni Rheilffordd na fyddai modd iddynt newid enw'r Cwmni heb wario'n helaeth oherwydd ei fod yn rhan o ddeddf seneddol. Gwrthododd Cymdeithas yr Iaith y ddadl hon, a phrotestiwyd yn erbyn y Cwmni drwy baentio ei arwyddion yn wyrdd. Bu raid i'r Cwmni ildio ymhen amser a derbyn mai 'Rheilffordd Ffestiniog' oedd y sillafiad cyhoeddus cywir. Ond i bobl leol,

34 Yr injan *Prince* yng ngorsaf Minffordd yn fuan wedi i'r Rheilffordd ailagor (LlGC, Casgliad Geoff Charles).

ac i Gymry Cymraeg, yr oedd y ffrwgwd yn arwydd pellach o'r gagendor a fodolai rhwng y Cwmni a'r gymuned leol. Yn nhyb gwyrgam un o haneswyr y Cwmni: 'the railway has yielded to pressure from Welsh Nationalists and the Welsh Language Society to accept a dual name . . . similarly, Portmadoc has been transmogrified into Porthmadog, a Welshification which has not the slightest historical basis'.

A ellir dweud, felly, fod y ddau Gwmni Rheilffordd hyn, a dyfynnu barn David Marks, yn cynrychioli 'a narrow swathe of English eccentricity, English people playing with trains, oblivious to or completely ignoring the Welsh industrial and cultural part of the Railway's history'? Priodol yw cychwyn trwy ddweud mai ychydig iawn o Gymry Cymraeg a oedd yn gysylltiedig â'r ymdrech wirfoddol i achub ac adfer y Rheilffyrdd hyn. Cydnabuwyd hyn yn achos Rheilffordd Ffestiniog: 'a Welsh volunteer worker on the Ffestiniog is a rare bird', meddai Dr Marks, '[and] where Welsh volunteers do take part they are obliged to speak the dominant language in order to communicate. The dominant language of the region may be Welsh but on the ribbon of development that constitutes the Ffestiniog Railway it is without doubt English. This means Welsh railway enthusiasts and volunteers participate on English terms, if they participate at all'.

At hynny, y mae'n werth ceisio deall meddylfryd y sawl sy'n cynnig ei wasanaeth fel gwirfoddolwr ar reilffordd. Deil un o'r arbenigwyr academaidd yn y maes hwn fod gan wirfoddolwyr resymau da dros geisio achub a diogelu rhai agweddau o'r gorffennol diwydiannol. Y prif gymhelliad yw eu hawydd i gyfoethogi eu bywyd beunyddiol anghyflawn ac annigonol. Tueddant i ymhyfrydu yng nghwmni dynion (nid oes llawer o ferched yn gwirfoddoli) sy'n rhannu'r un meddylfryd a gwerthoedd â hwy, a cheir awydd angerddol yn eu plith i fod yn rhan o dîm. Sonnir am 'a transition from industrial to post-industrial society in which volunteers

35 Un o gerbydau dadfeiliedig Rheilffordd Ffestiniog, gyda'r cyn-reolwr, yng ngorsaf yr Harbwr (LlGC, Casgliad Geoff Charles).

reify and attempt to recreate what they see as the romanticism of an industrial past. They also have some difficulty in coming to terms with the exigencies of post-modern existence and what they see as a process of de-industrialisation and concomitant process of de-skilling'. Ceir yma arlliw o rannau o athroniaeth alaethus Tom Rolt y cyfeiriwyd ati eisoes, a hefyd dinc o rai o'r sylwadau a wnaed ynglŷn â chymhellion unigolion a ymunodd â gweithlu parhaol (sylwer, nid y gwirfoddolwyr) Rheilffordd Ffestiniog:

> Certainly, the main motive cannot possibly be the money. Nobody ever got rich working for the Festiniog. But there are other compensations. The staff, a highly articulate, argumentative and knowledgeable workforce, talk of 'dropping out of the ratrace' or, as some of their workmates less kindly say, 'retreating from the real world'. Some talk of the lack of fulfilment in their 'other' jobs, the difficulty of measuring or even recognising individual achievements, the undemanding and unrewarding nature of the work.

Hynod arwyddocaol hefyd yw'r dyfyniad hwn yng nghyd-destun meddylfryd ac agwedd gwirfoddolwyr a'r gweithlu parhaol at Reilffordd Ffestiniog yn y blynyddoedd wedi 1955: 'The railway appealed to those with a pioneering spirit, especially in those rougher, earlier days. Large parts of the line had been allowed to go back to a state of nature. So the volunteers could imagine they were setting foot where no white man had trod before, imposing order and discipline upon disorder and wilderness.' Ac nid oedd yr arloeswyr Robinson Crusoeaidd hyn yn ofni delio â brodorion lleol a geisiai eu hatal: y mae hanes brwydr Buarth Melyn, pan geisiodd ffermwr lleol rwystro hynt y Rheilffordd ar hyd ei dir, yn rhan o lên gwerin Rheilffordd Ffestiniog.

36 Cesglid Mrs Humphreys gan drenau Rheilffordd Tal-y-llyn er nad oedd gorsaf i'w chael yn Fron-goch (LlGC, Casgliad Geoff Charles).

Yn achos Rheilffordd Ffestiniog, gan gyfeirio at y cyfnod rhwng 1955 a 1982, ceir tystiolaeth sylweddol i gadarnhau barn David Marks. Y mae'r ieithwedd a ddefnyddiwyd, yr ymagweddu a ddangoswyd, a'r gwerthoedd a fynegwyd, yn creu darlun digamsyniol o griw ymwthgar, nawddoglyd a lled-hiliol yn gorfodi'r gymdeithas o'u cwmpas i dderbyn dychweliad y Rheilffordd i Flaenau Ffestiniog. Ni welwyd yr un mileindra yn achos Rheilffordd Tal-y-llyn. Dichon fod sensitifrwydd Tom Rolt, yn ystod ei gyfnod fel rheolwr, yn gyfrifol am hynny ac ni fu'n rhaid i wirfoddolwyr yno wynebu'r un math o wrthwynebiad ag a wynebwyd gan wirfoddolwyr Rheilffordd Ffestiniog. Yr un mor allweddol, efallai, yw'r ffaith nad oedd Tywyn, gyda'i chymuned gwyliau-glan-môr, a chymuned ôl-ddiwydiannol Abergynolwyn, a chanddi un chwarel fechan gaeedig, yn ymdebygu o gwbl i'r gymuned ddiwydiannol sylweddol a llafar ei barn a fodolai ym Mlaenau Ffestiniog.

A ddysgwyd rhywfaint o wersi yn ystod y cyfnod hwn ac wedi hynny? Yn sicr, nid oedd dim diffyg croeso i'r diwydiant ymwelwyr fel darpar gyflogwr ym Mlaenau Ffestiniog erbyn y 1970au a chyn i Reilffordd Ffestiniog ddychwelyd i'r dref. Ym 1972 yr oedd Cwmni Chwarel y Llechwedd, J. W. Greaves, wedi agor menter gwbl arloesol yng Ngheudwll y Llechwedd. Noder, fodd bynnag, mai cyn-chwarelwyr lleol a gyflogwyd yno fel tywysyddion a dehonglwyr, a gŵr busnes lleol a oedd wrth y llyw. Ymhen rhai blynyddoedd byddai menter debyg yn agor yn y Gloddfa Ganol (rhan o hen Chwarel yr Oakeley), yn cyflogi dynion a merched lleol, a than reolaeth teulu lleol uchel ei barch. Ym mis Mawrth 1976 yr oedd Dafydd Elis Thomas AS yn bresennol mewn cyfarfod cyhoeddus a alwyd i drafod 'Dyfodol i'r Blaenau'. Yno pleidleisiwyd o blaid – drwy fwyafrif o 250 – ar sail holiadur a ddosbarthwyd cyn hynny, ddarparu gorsaf reilffordd newydd fwy canolog ar gyfer Rheilffordd Ffestiniog. Credai 254 o bobl fod twristiaeth yn llesol i'r dref, a dim ond 47 a dynnai'n groes i'r farn honno. Yn y bôn, felly, er nad oedd pobl Blaenau Ffestiniog yn wrthwynebus i dwristiaeth a'r diwydiant ymwelwyr fel y cyfryw, yr oedd rhai ohonynt yn amheus o Reilffordd Ffestiniog.

Ers y cyfnod hwnnw y mae'r ddwy Reilffordd wedi parhau i ddatblygu. Agorwyd estyniad o Abergynolwyn i Nant Gwernol gan Reilffordd Tal-y-llyn ym 1976, ac y mae Cwmni Rheilffordd Ucheldir Cymru (sy'n rhan o Gwmni Rheilffordd Ffestiniog) wedi bod wrthi ers tua degawd bellach yn adfer y rheilffordd o Ddinas, Llanwnda, trwy Ryd-ddu i gyfeiriad Beddgelert a Phorthmadog, gan adeiladu cymal newydd sbon o Gaernarfon i Ddinas. Pan ddyfarnwyd grantiau o £10 miliwn ar gyfer cyllido rhan o'r fenter, cwynodd sawl un yn y papurau newydd lleol. Gwrthgyferbynnai'r Archdderwydd ar y pryd, Dr Robyn Léwis, barodrwydd Llywodraeth Cynulliad Cymru i gynorthwyo'r Rheilffordd â'u hamharodrwydd i gynorthwyo'r Eisteddfod Genedlaethol. 'It is, in effect, enabling grown-up railway enthusiasts to play at toy trains', meddai. Yn ei ymateb, tynnodd Paul Lewin, Rheolwr Cyffredinol Rheilffordd Ffestiniog a Rheilffordd Ucheldir Cymru, sylw at y swm o oddeutu £20 miliwn a ddeuai i economi Gwynedd yn flynyddol yn sgil ffyniant y Rheilffyrdd. Bu nifer o drigolion Rhyd-ddu yn gofidio pan gyflwynwyd cais cynllunio yn 2002 ar gyfer llenwi hen dwll chwarel Ffridd Isaf, gerllaw gorsaf reilffordd y pentref, â phridd a rwbel a oedd yn weddill ar ôl cwblhau ailadeiladu'r Rheilffordd. Nid unrhyw dwll chwarel oedd hwn, eithr y lleoliad a fu'n destun y gerdd 'Llyn y Gadair', gan Syr T. H. Parry-Williams, a fagwyd yn Nhŷ'r Ysgol gerllaw: 'Dim byd ond mawnog a'i boncyffion brau/Dau glogwyn, a dwy chwarel wedi cau.' Wrth drafod y cais pwysleisiai aelodau'r Pwyllgor Cynllunio yr angen i warchod etifeddiaeth Eryri, ac y mae'n amlwg nad oeddynt o'r farn fod y Rheilffordd yn rhan greiddiol o'r etifeddiaeth honno. Yn ôl y Cadeirydd, y

Cynghorydd Dafydd Thomas, 'mae yna etifeddiaeth y fan hyn
– etifeddiaeth T. H. Parry-Williams', ac meddai'r Cynghorydd
Dyfrig Siencyn, 'nid oes gennyf sentiment o golli tipiau
llechi, ond yn y fan hyn mae yna wrthwynebiad llenyddol.
Rwyf yn parchu'r farn lenyddol ac yn gwrthwynebu'r cais ar y
sail yma yn unig.' O ddeg pleidlais i bedair penderfynwyd
gwrthod y cais. Erbyn mis Tachwedd 2005, a'r Cwmni
Rheilffordd erbyn hynny yn cynllunio estyniad i Feddgelert,
cafwyd cyfarfod cyhoeddus gorlawn yn y pentref hwnnw
oherwydd y bwriad i godi gorsaf llawer mwy o faint na'r
adeilad gwreiddiol. Mynegwyd pryder y byddai ceir a bysiau
yn llenwi strydoedd y pentref wrth gludo teithwyr at y
Rheilffordd. Cyhuddwyd y cwmnïau rheilffyrdd 'of
constantly hiding their true intentions, contravening existing
planning conditions, and trying to sneak their proposals past
the Snowdonia National Park Authority'.

Er iddynt ddysgu rhai gwersi, y mae'n bur amlwg fod
gweithwyr a gwirfoddolwyr cyfoes y Cwmni Rheilffordd yn
parhau i ysgogi ymateb ac adwaith negyddol ymhlith y
gymdeithas yn lleol. Rhaid meithrin dealltwriaeth sensitif o
gymeriad a gwerthoedd y gymdeithas frodorol os yw'r
mentrau hyn i lwyddo, ac efallai'n wir nad y rhai sy'n
arddangos 'English eccentricity' yw'r rhai mwyaf addas ar
gyfer hynny. Oherwydd, yn ôl un o 'Feirdd yr Ucheldir', y
mae eu gweledigaeth hwy yn dra gwahanol i eiddo T. H.
Parry-Williams:

Dacw'r orsaf fel cynt. Ac wele rhwng llawr a ne'
Mae lleisiau'r teithwyr ar hyd y lle.

Cewch chwithau simsanu, cans nid pleser i chwi
Yw'r cryn fodlonrwydd sy'n dod trosom ni.

Ac mi glywir crafangau'r hen lein yn dirdynnu ein bron,
Duw a'n gwaredo – ni lwyddwch i'n rhwystro rhag hon.

DARLLEN PELLACH

A. H. Dodd, *The Industrial Revolution in North Wales* (3ydd arg., Caerdydd, 1971).

David Gwyn, *Gwynedd: Inheriting a Revolution: The Archaeology of Industrialisation in North-West Wales* (Chichester, 2006).

Ernest Jones, *Senedd Stiniog: Hanes Cyngor Dinesig Ffestiniog 1895–1974* (Y Bala, [1975]).

David Marks, 'Great Little Trains? The Role of Heritage Railways in North Wales in the Denial of Welsh Identity, Culture and Working Class History', yn Ralph Fevre ac Andrew Thompson (goln), *Nation, Identity and Social Theory: Perspectives from Wales* (Caerdydd, 1999).

Alun John Richards, *The Slate Railways of Wales* (Llanrwst, 2001).

L. T. C. Rolt, *High Horse Riderless* (Llundain, 1947).

L. T. C. Rolt, *Railway Adventure* (Llundain, 1971).

T. Wallace, 'Working on the Train Gang: Alienation, Liminality and Communitas in the UK Preserved Railway Sector', *International Journal of Heritage Studies*, 12, rhif 3 (2006).

Andrew Wilson, *Narrow Gauge Railways of North Wales* (Stroud, 2003).

John Winton, *The Little Wonder: 150 Years of the Festiniog Railway* (Llundain, 1986).